社会主义核心价值体系建设
"双百"出版工程
项 目

/100位

新中国成立以来感动中国人物/

史来贺

丁先军/著

★

吉林出版集团 | 吉林文史出版社

前 言

　　每个人的心中都多少有一点英雄情结，都向往英雄、景仰英雄。也正因此，在中华人民共和国建国六十周年之际，由中央十一部委联合组织开展的"100位为新中国成立作出突出贡献的英雄模范人物和100位新中国成立以来感动中国人物"的评选活动中，群众参与投票总数近一亿。这其中的每一张选票，都表达了人们对英雄模范的崇敬之情，寄托着对伟大祖国的美好祝福。

　　一个民族不能没有英雄，否则这个民族就不会强大。当国家危难之时，懦弱者选择了逃避、妥协甚至投降，英雄们却挺身而出，用热血捍卫民族的尊严，人民的幸福。在创立和建设新中国的伟大历程中，涌现出无数可歌可泣的英雄模范人物。他们之中，有为了民族独立和人民解放而英勇牺牲的革命先烈，有为了党和人民的事业而不懈奋斗的优秀共产党员，有在全民族抗战中顽强奋战、为国捐躯的爱国将士，有英勇杀敌的战斗英雄和革命群众，有积极从事进步活动的著名民主爱国人士和国际友人……他们是民族的脊梁、祖国的骄傲，是激励全体人民团结奋斗的精神力量。

　　《100位新中国成立以来感动中国人物》丛书，就像一部星光璀璨的英雄谱，真实、完整地记录了英雄模范人物不平凡的一生，再现了他们非凡的人格魅力和精神世界。舍身堵枪眼的黄继光，拼命也要拿下大油田的王进喜，中国原子弹之父邓稼先，新时期领导干部的楷模孔繁森……一串串闪光的名字，一个个动人的故事，犹如群星闪烁，光耀中华。

　　当今中国正处于伟大变革的时代，迫切需要涌现出一大批勇于承担历史使命、为祖国和人民奉献一切的先进人物。在"双百"人物崇高精神的引领下，在建设社会主义现代化国家的征程中，必将英雄辈出。

生平简介

史来贺（1930-2003），男，汉族，河南省新乡市七里营镇刘庄村人，中共党员。生前系刘庄村党支部书记。

史来贺在长达51年的农村基层党组织负责人岗位上，带领全村党员干部群众坚定不移地走社会主义道路，自力更生，艰苦创业，使昔日穷得叮当响的刘庄成为闻名全国的社会主义新农村的典范。上任伊始，他就带领刘庄人战天斗地，用了20年的时间，把刘庄750多块凹凸不平的薄地荒地改造成了现代化农业园区。他潜心研究棉花种植技术，使皮棉平均亩产达到当时全国平均产量的3倍。他带领群众先后兴办了畜牧场、机械厂、食品厂、造纸厂、淀粉厂、制药厂等企业，用他的无私奉献、廉洁奉公，带出了好党风、好村风、好民风，使刘庄经济社会发展迈上了一个又一个新的台阶。他常说，干部干部就要先干一步。搞农业，他与群众一道起早贪黑，心往一处想，汗往一处流；办企业，他与技术人员一道进行市场调查，组织论证，搞试验，攻难关，呕心沥血。刘庄的每一块田地、每一个企业，刘庄的一草一木、一砖一石，都凝聚着他的心血和汗水。他是中共十三大至十六大代表，第五至八届全国人大常委，被授予全国劳动模范、全国优秀党务工作者等荣誉称号。

1930-2003
[SHILAIHE]

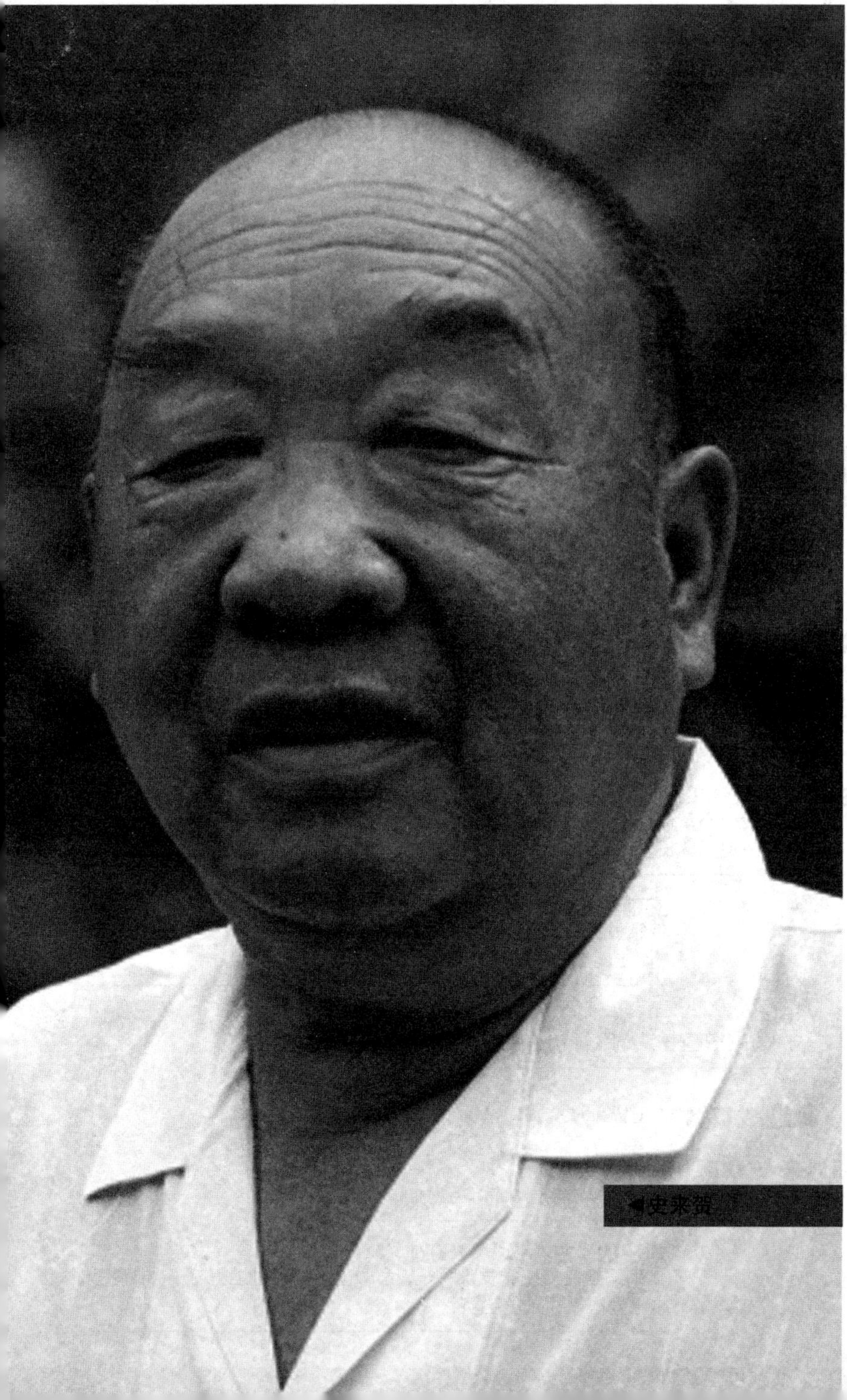

◀史来贺

目 录 MULU

■**实干兴邦日月新（代序）** / 001

■**苦难童年** / 001

史来贺出生 / 002
史来贺的降生，父母亲悲喜交集，小小年纪，忽又患一场大病。

辍学 / 004
聪明的他苦盼读书又辍学，大灾荒带来大灾难。

养家糊口 / 006
14岁的史来贺挑起养家糊口重担，卖瓜、卖菜、拉车送粮，饱受磨难。

■**支前肃匪** / 009

刘庄民兵队长 / 010
革命不怕死，怕死不革命，史来贺报名参加民兵，由于立场坚定，敢于斗争，被选为刘庄民兵队长。

支前模范 / 011
带领民兵支援解放军前方作战，他智勇双全，积极参加肃匪反霸、击毙土匪头子卫老启，活捉刘荣堂。

入党 / 014
党旗下，史来贺庄严宣誓铁心跟党走，一生一世不变心。

■**迎战贫穷** / 017

组织起来 / 018
坚定地走"组织起来"的道路，带头成立第一个常年互助组和初级农业合作社。

刘庄的"主心骨" / 021
史来贺担任刘庄党支部书记，立志让大家都过上好日子，带领群众平地改土，向贫穷宣战。

刘庄高级社 / 023

坚持办"小社"受到冷遇，面对涝灾，史来贺组织生产自救，显示集体经济的优势。

团结抗灾 / 025

史来贺住进棉花试验田，认真学习钻研，推广农业技术，夺得棉花高产。周恩来总理鼓励史来贺带好头。

■**走出"虚幻" / 031**

抵制"瞎指挥" / 032

"大跃进"时代刮起"浮夸风"，工作组要求放小麦高产"卫星"，刘庄只搞3亩试验田，将损失降到最小。

砍树风波 / 035

人民公社刮"一平二调"风，史来贺要求谁拉东西谁打"收据"，刘庄得到了7.2万元赔偿。

兼任"司务长" / 037

办公共食堂，史来贺兼任司务长，坚持原则，以身作则，安排好群众生活，受到拥护。

■**"四清"干部 / 041**

"四清"干部 / 042

"四清"运动开始，史来贺被诬告有多种问题，"靠边站"，后经省地县联合调查组调查，史来贺被宣布为"四清"干部。

学习大寨经验 / 047

农业学大赛，史来贺率领刘庄干部，八上大寨取真经。

刘庄"三大战役" / 048

刘庄打响经济发展"三大战役"：打井架电、养猪积肥，发展畜牧业，"小喇叭"响遍全国。

■**"动乱"岁月 / 051**

"不能误生产" / 052

"文革"开始，史来贺被打成"走资派"受批斗，没法工作，刘庄贫下中农将他接回村。他认为"刘庄不能乱，乱了，群众就要受穷"。

"要草还是要苗"的讨论 / 054

史来贺主持召开"苹果园会议"，开展"要草还是要苗"的讨论，统一全村党员干部思想。

建设新村楼房 / 056

刘庄开始统一规划，建设新村楼房，史来贺带头加班加点干，心脏病发作，病倒在工地。

造纸厂试车 / 060

造纸厂紧锣密鼓建设，试车的晚上，史来贺的老母亲病危，为了集体利益，他没来得及见母亲最后一面。

■**改革发展** / 063

"分"还是"不分" / 064

从刘庄实际出发，认真学习中央文件，吃透文件精神，刘庄选择实行集体专业联产承包责任制。

高科技企业——华星药厂 / 066

经过反复、慎重的抉择，决定兴建高科技企业——华星药厂。

"不平等合同" / 071

抢抓机遇，史来贺打算华星药厂上年产1000吨青霉素的项目。不少人想不通，不赞成。他同村民签订了"不平等合同"。

一方"净土" / 073

人们赞扬刘庄这个"小社会"人心稳定，社会安定。赞扬刘庄是一方"净土"。

■**誓"刨地球"** / 075

一"调"史来贺 / 076

史来贺的突出工作业绩，受到上级重视，调他到区里当国家干部他婉言谢绝。

二"调"史来贺 / 078

地区领导要调他当农业局长，他没有动心，他要留在刘庄和大伙一起刨地球，改变穷面貌。

三"调"史来贺 / 079

地委任命他为县委副书记，他不愿去，但听说还让他兼任刘庄党支部书记，他同意了。

四"调"史来贺 / 080

他被任命为地委书记，他想辞掉，地委批准他仍然不离开刘庄，他欣然答应。

■**人民代表** / 085

建言献策 / 086

他是全国人大代表，全国人大常委，必须当好人民的代言人。他大胆建言献策，反映群众的呼声。

伸张正义 / 089
他勇于坚持正义，使沉积的冤案得到平反昭雪。

答记者问 / 091
在答中外记者问时，他镇定自若，有条不紊地回答记者的提问，受到记者们的关注和称赞。

■心系群众 / 095

"来历不明的救济款" / 096
县委送给史来贺的救济款，他自己不用，都分送给村里三户最困难的人家。

临终托孤 / 098
刘荣正临终时，想起了史来贺，把自己的五个儿子托付给他照料，史来贺帮助解决困难，培养刘家的五个儿子长大成才。

关爱"弱势群体" / 101
他时刻关爱着村里最穷的人，最急的人，最难的人，为之排忧解难。

永远"带好头" / 105
他坚定认为，干部必须时时处处带好头，群众才有希望，幸福才有盼头。

■鞠躬尽瘁 / 109

患病 / 110
史来贺咳嗽、低烧，他病倒了，心中依然想着村里的残疾人王伟民等，住院前还要回村安排工作。

在北京协和医院 / 113
史来贺到北京协和医院治疗，时时刻刻都挂念着村里的生产情况，二儿子史世会去看望他，被"撵"了回去。

病逝 / 117
身体极度虚弱，但他头脑清醒，安排干部要做好几件事。史来贺与世长辞。

无尽的怀念 / 121
送别史来贺的日子，刘庄沉浸在巨大悲痛之中，人们痛哭流涕，无限怀念。党和国家领导人送了花圈，发来唁电，新一届刘庄党委要继承遗志，奋力前行。

■后记　丹心浇灌绿野 / 128

实干兴邦日月新（代序）

    史来贺是我国农业战线一位先进模范人物。他1952年担任河南省新乡县刘庄村党支部书记后，连续51年不歇息地工作、奋斗在这个岗位上。他从入党那天起，就立下誓言，要让全村人有衣穿，有饭吃，跟党奔社会主义。在半个世纪的历史长河中，不论是出现政治波折的时刻，还是阳光明媚的春天，他都始终保持清醒头脑，胸怀理想，脚踏实地，带领全村党员干部群众一步一个脚印地发展集体经济，实现共同富裕，把社会主义、共产主义理想变成群众看得见、摸得着的现实。刘庄在中国农村社会主义现代化建设进程中产生了极强示范效应，起到了巨大的推动作用。史来贺与刘庄村，在全国乃至世界都有着深刻的影响。党和国家领导人习近平、胡锦涛、江泽民、吴邦国、温家宝、李克强、李鹏、李先念、乔石等曾亲临视察并题词。世界150多个国家和地区的外宾和友好人士，前来访问考察；国内各地参观考察的干部群众更是络绎不绝……人们希望更多了解史来贺，了解刘庄。

    2003年4月23日，史来贺因病医治无效，与世长辞，数千名干部群众痛哭流涕，为他送行，足见他与广大党员干部群众的感情之深，影响之深。史来贺是实践"三个代表"和科学发展观的典范。中共中央组织部赞誉他为"当代共产党人的楷模"，将他的名字与雷锋、焦裕禄、王进喜、钱学森列在一起，誉为解放以来在群众中享有崇高威望的共产党员的优秀代表。

    党和国家给予史来贺很高的荣誉，他16次进京参加国庆观礼，多次受到毛泽东、刘少奇、周恩来、朱德和邓小平、江泽民、胡锦涛等领导人的亲切接见。他曾当选中共第十三、十四、十五、十六大代表，当选第三、五、六、七、八、九、十届全国人大代表，先后任第五、六、七、八届全国人大常委、河南省贫下中农协会副主席、河南省委委员、新乡地委书记、新乡县委副书记、新乡市人大常委会副主任等职务。被评为全国劳动模范、全国民兵英雄、全军英模、全国植棉能手、全国优秀共产党员、全国优秀领导干部、全国先进科技工作者、全国乡镇企业十大功勋之一、当代中国优秀农民企业家、全国有重大贡献专家。难能可贵的是，他在各种耀眼的光环面前，谦虚谨慎，不骄不躁。牢记理想，不忘责任，时刻把社会主义建设事业，让群众共同富裕记在心上，落实到行动上，落实到实干中，几十年来，毫不懈怠。

为发展集体经济，他实干。他从"组织起来"开始，到平整土地，到发展畜牧业，到发展工副业，到建高科技企业，从无到有，由小到大，一点点积累，一步步前进，历经50年的探索、追求，使一个解放前穷得叮当响的穷刘庄变成富裕、文明、民主的社会主义新农村，成为闻名全国的先进单位。

为实现和谐发展，他实干，他切实加强物质文明、社会文明、精神文明、生态文明建设；加强思想政治工作，使村民树立正确的世界观、人生观、价值观；教育大家学习政治理论、科技知识、增长才干……全村人心齐在干社会主义事业上，一门心思谋发展，谋富裕，谋幸福。

为实现强村富民，他实干。他紧抓党组织自身建设不放松，紧抓党员队伍建设不放松，严以律己，廉洁自律，从党组织抓起，凡是要求群众做到的，自己首先带头做到；凡是要求群众不做的，自己首先带头不做。全村党员干部群众信他、服他，因此党组织说话有人听，办事有人跟，上下拧成一股绳，团结一致干事业。

为落实为民造福，他实干。史来贺把为民造福作为最大的乐趣，一生为群众办实事、办好事。在为群众建起第一代、第二代住宅楼房后，为进一步改善居住环境，史来贺决定建造新型农民公寓，这是刘庄的第三代现代化、花园式、智能化住宅。每户472平方米，人均120平方米，抗8级以上地震，设施设备齐全。全村生活美满，安居乐业。

史来贺以他真抓实干的具体行动，在刘庄这块1.5平方公里的土地上刨地球，绘蓝图，困难面前不退缩，荣誉面前更奋进。积50年之功，使刘庄发生巨变，史来贺的实干兴邦精神，值得赞颂，值得学习。

党的十八大的胜利召开，习近平总书记提出的"实干兴邦"的要求，为全面建设小康社会、实现中华民族的伟大复兴，指明了方向。学习史来贺，就要像他那样，胸怀理想，脚踏实地，坚守岗位，真抓实干，切切实实刨好自己脚下的地球，踏踏实实做好自己的工作，建设"美丽中国"的理想就一定能成为现实。

苦难童年

➡ 史来贺出生

☆☆☆☆☆

河南省新乡县刘庄村，坐落在豫北黄河故道之上。

在漫长的历史岁月里，一泻千里的黄河曾在这里咆哮奔腾。到了明代，黄河向南滚动身躯，给这里留下了沟壑纵横、野草丛生的荒芜土地。明朝成化年间，本县牛任旺村一位排行老二的刘姓农民率先携家来此垦荒种田，此后，垦荒者陆续聚拢这里扎村，取名刘二庄，后改为刘庄。

旧社会，刘庄穷苦人家，家家都有苦难史、血泪账。解放前的刘庄，人穷地穷村子穷。当时流传着一首民谣："方圆十里乡，最穷数刘庄。丰年吃糠菜，歉年去逃荒。名为住人村，实为藏鬼庄。"穷人少吃没穿，全靠扛长工、打短工和逃荒要饭为生。村子内外，一片荒凉。

公元1930年7月25日，豫北大地，雨后初晴，减去了几分盛夏的酷暑，带来了一丝令人气爽的凉意，这一天，刘庄村史传道家，一个男婴呱呱坠地。史来贺的降生，使史传道家在生育四个女儿之后，有了一个传宗接代的男婴。虽然全家充盈着喜气，但也为养家糊口而犯愁。史来贺的小名叫"张妞"。那是爹娘为了图吉利，在来贺刚满月时"闯姓"闯见小张庄村的一位姓张的农民，认下干爹给起的名。史来贺的父母像老辈庄稼人一样，天天做着发家梦，到头却是一场空。他把美好的希望寄托在儿子身上，希望有一天能过上富日子，穷人都来庆贺。为此，他给儿子起了大名："来贺。"

史来贺的祖上都是穷得叮当响。祖父扛了一辈子长工。父亲史传道同样是在"日日挨饥饿，年年畏冬寒"的日子里度过了艰难的童年。15岁便走上了与祖辈相同的人生道路——扛长工，一扛就是20年。辛辛苦苦干一年，除了顾住自己每日半饥不饱的肚子，一年的报酬，只有两斗粗粮。后来，遇上荒年，史传道被解雇了，赖以糊口的长工也干不成了，只好流落他乡，逃荒要饭。家里的生计，全靠母亲王保香支撑。她纺花织布、拾柴火、挖野菜、捋树叶，全家人吃上顿没下顿。

史来贺4岁那年，得了一场怪病，这种病当地人叫"对口疮"，上面嘴烂，下面腿烂，谁染上了，十有八九要送命。

史来贺是父母的命根子，全家人心急火燎，到大医院看病，没钱！只有请乡村土医生，甚至还请来巫婆神医，都不见效，母亲把来贺抱在怀中，泪水都哭干了。也许是史来贺命不该绝，遇到了救星。听说附近小王庄村有一位老婆婆，很懂些土方验方，曾治好过这种病。父母抱着儿子来到这位老婆婆家，跪下求老人家为儿子治病："老人家，救救我史家这根独苗苗吧！""救人要紧！"老人说着，就抱过孩子，认真查看正在昏睡的小来贺的疮情，接着，十分果断地将手指伸进小来贺的咽喉深处，把淤积的脓血，一块块地抠了出来，小来贺疼得昏死了过去。真算命大，昏死过去的小来贺，被抱回家后，竟然出现了奇迹，那病竟慢慢地好转了。只是从此后，说话声音沙哑了，这沙哑声一直伴随了他的一生。

➡ 辍　学

★★★★★

　　史来贺9岁时，眼看着村里家境好的孩子蹦蹦跳跳背着书包上私塾，羡慕得不得了。于是苦苦缠着父母，说啥都要去上学。

　　"孩子呀，不是爹娘不让你上学，是咱家太穷了，一家人饭都吃不上，哪有钱供你上学！"来贺哭闹着执意要上学。

　　母亲被感动了，劝说父亲："孩子他爹，咱孩儿记性好，上学准是块好材料。读了书，兴许长大了，还能干大事，要不，咱让孩子去试试？"父亲心动了，送来贺进了私塾。

　　在私塾里，史来贺学《三字经》，读《百家姓》，跟同室的学生相比，读、写、背比谁都快，史来贺知道，自己上学的钱，是爹娘勒紧腰带省下来的，读书格外刻苦用功，成绩一直是拔尖儿的。

　　"这娃子要是早出生一二百年，赶上科举考试的时候，说不定能挣个状元当当呢！"私塾老师不断称赞史来贺。

　　一天下午，史来贺的父亲突然来到学校，先跟私塾老师嘀咕了一阵子。老师摇着头，叹着气，口里不停地咕哝着："可惜了，可惜了！"跟史来贺的父亲一起来到了教室。父亲径直走到史来贺的座位前，眼里噙着泪，一边帮孩子收拾起书包，一边拉着孩子的手说："张妮呀，跟爹回去吧，咱家又揭不开锅啦，学费拿不起呀！"史来贺只好走一路哭一路，跟着父亲回了家。

辍学后，还不到 11 岁的来贺，就成天打柴卖，给人家打短工，用孱弱的肩膀，帮助父母亲分担家庭重担。

真是祸不单行，一个风高月黑的深夜，几个蒙面土匪进了史家下了"黑条"，限令史传道家，三天之内，要凑一笔钱，交到他们手里，不然性命难保！

左思右想，没法子，为了一家人的性命，来贺的父亲只好把家中能值几个钱的东西全卖了，连粮食也卖了，倾家荡产凑齐了钱，交给土匪，总算保住了一家人的性命。

粮卖了，一家人只好一日三餐吃野菜，嚼树叶。多少值几个钱的旧棉衣、被子也卖了，一到冬天，一家人只好拾些破烂柴草烧着，老少偎在一起抵抗风寒。望着屋外呼呼吼叫的大风雪，小来贺心头的怒火，就像身前的火苗般猛窜。深深埋下仇恨种子的他，决心有朝一日，要向万恶的土匪复仇。

正是这股冲天怒火，激励他在后来的剿匪反霸斗争中，舍生忘死，同土匪头子们殊死斗争。

1942 年，旱灾加蝗灾，土地干得裂开了口子，铺天盖地的蝗虫吞噬了人们赖以为生的庄稼，留下了饥饿，留下了死亡。人们只好扒草根，吃树皮，逃荒要饭。120 多户、600 多口人的刘庄，就有 26 户逃荒、37户卖儿卖女……史来贺清楚地记着，那一年，二叔饿死了，堂妹饿死了，没多久，与史来贺朝夕相处、形影不离的堂哥也被活活饿死了。堂哥死时，史来贺一直守在他身旁，史来贺永远忘不了堂哥那充满哀乞的目光！循着这目光，史来贺仿佛看到日本鬼子滴血的马刀，看到了老财们得意的狞笑……也仿佛听到了村西头王家大嫂痛失亲子的哀哀哭声。

➡ 养家糊口

★★★★★

1944 年，经姑家表叔说合，14 岁的史来贺与长他 2 岁的刘树珍成了亲，刘树珍娘家是刘庄附近的八柳树村的，跟史家一样，家里贫穷，父亲被日本兵抓去当劳工，被活活砸死在煤窑里。

农村风俗，不管你年龄大小，结婚成家后，就得顶家过日子了。14 岁的史来贺，结婚后就挑起了挣钱养家的重担。自家那点薄地，即使用汗珠子泡透，也打不了几颗粮食，哪能靠它养家？做大买卖，没本钱，史来贺便学着做些小本生意。什么卖茶水，卖红薯，卖瓜果，卖蔬菜，只要能赚几个钱就干。卖蔬菜，每天，打鸣的公鸡还没伸脖子，就得挑着百十来斤重的担子，往小冀镇上赶。从刘庄到小冀，15华里。本来就年纪小，肩上压着百十来斤，只走了一半路程，肩膀就压得又酸又疼。挑子从左肩换到右肩，再从右肩换到左肩，间隔时间越来越短。趁早赶到集上，扯着嗓子叫卖，挑剩的蔬菜卖不完，还得饿着肚子往回挑。想着自己又累又饿，家中还等着卖菜赚来的那点钱买米下锅，心中真不是个滋味！

那时，史来贺就曾这样想："人活在世上，什么是幸福？肩上没有重担压着，甩着手走平路就是幸福；一家人肚皮饿了，不用等米下锅就是幸福！"

这个"幸福观"，虽然标准不高，但却映衬着他青少年时生活的艰难，对幸福生活的强烈渴望！

史来贺打做小本生意时，就是个头脑灵光、极富经商潜能的人。

史来贺卖瓜，练就了一手硬功夫——"一刀准"。买主说要几两，咔哧一刀，砍下来，准保刚够秤，不会少一钱，多也多不出一二钱。且手里切着瓜，眼里看着秤，口里就把瓜钱报出来了，人们称他是"一口清"。

史来贺"玩"西瓜，真是"玩"到了家。他出的西瓜，肉甜，个大，皮薄，瓜贩们总是争着收购。他那鉴别西瓜成熟度的本事，方圆十里，没个能比得上的。

每年从春到秋，可以卖菜卖瓜，维持生计。可一到冬天，没有瓜菜可卖了，当小贩没戏了，只有另寻生路。别人家的冬天，可以偎着暖被蹲大炕，围着炉子侃大山，或者围着棋盘喝大茶。而史来贺呢，他不能。他也想利用严冬，"休闲休闲"，可一家人的肚子不能休闲。好在当时的七里营一带，有一些地主兼商人的人物，做倒卖粮食的生意，雇用一些穷人当脚力。史来贺只好和父亲一道，为了一家人能活命，去给人家当牲口似的脚力。

当脚力，运粮食，是极苦的差事。每天天不明就得起身，赶到原阳装上粮食往七里营送。父亲推着车子，来贺在前边拉车。一路上，要经过好几个大沙丘，推着车子在沙土窝里行走，空车子一个人推都费劲，更不要说装着二、三百斤粮食的重车子了。小车轮子陷到沙土里，旋像被吸住一样，拉不动，推不出。父子俩吃吭哧吭哧，一步一挪地使劲推拉，累得上气不接下气，身子像散了架。冬天，北风呼啸，大雪纷飞风搅着雪，刮得人脸像刀扎一般；夏天，天气多变，晌午头，毒日头烤得他们头晕眼花；有时候，一阵猛雨砸下，父子俩就得踩泥趟水……推车走过，碾下了深深的辙印。这辙印，在史来贺的心灵里，刻下了极深极深的伤痕。

"老天爷呀，咱们穷人要活个命，怎么就这么难啊……"

年复一年，冬复一冬，过早地过度劳累，使史来贺还在未成年时，就患了劳伤，落下了腿疼病。多年来，一遇风寒，走起路来，腿总有点儿疼痛摇晃。

就是带着作为旧社会苦难印记的劳伤，用他有点摇晃的双脚，史来贺领着刘庄300多户同他一样从苦难中走过来的穷苦农民，坚定地走在社会主义大道上，过上了同自己青少年时代天壤之别的幸福生活。

支前肃匪

→ 刘庄民兵队长

★★★★★

　　1947年10月，中共新乡县委派到夏庄乡的联防工作组的几名成员奉命秘密来到刘庄，任务是发动群众，建立革命政权。

　　当时，刘庄归夏庄乡管辖。刘庄一代一代穷苦人穷怕了。听说要建立穷人自己的政权，要打土豪分田地，都打内心高兴。那时候，国共两党，逐鹿中原。白色恐怖，笼罩城乡。工作组进入刘庄后，不少人胆小怕事，不敢公开同他们接触。有的人怕"枪打出头鸟"，仍在观望犹疑。

　　一天，工作组长霍富衡、副组长付阎明正在研究工作，突然从门外走进一位年轻小伙子，身材适中，目光如电，十分精神，说话开门见山："听说你们是共产党，是来领着刘庄人闹革命的，刘庄人愿意跟着你们干，我算一个！"

　　"你叫什么名字？"

　　"史来贺。"

　　"多大了？"

　　"17岁。"

　　"你家几姊妹？"

"上头有四个姐姐。男丁就我一个。"

"你是独生子，出头闹革命，父母不反对？"

"父母的工作，我会做通的。"

"你不怕被反动派抓去坐牢、杀头？"

"怕？怕来怕去，咱穷人的苦日子啥时是个头？啥时才有好日子过？"

"好，给你个任务。你去串联你的年轻伙伴，准备成立个民兵自卫队。"

"中！"史来贺干脆地答应。转身去执行任务去了，工作组长十分赞赏史来贺的胆量和果断。

刘庄的政权建立起来了，史来贺成了一名民兵。在尖锐复杂的形势面前，史来贺行得端立得正，坚持原则，敢于斗争，在危险面前，不皱一下眉头，经受住了严峻考验。不久，就被推选为刘庄民兵队长。

→ 支前模范

★★★★★

1948 年秋天，豫北战役打响了。解放军把国民党军队在豫北重点设防的新乡城团团围住。敌人困兽犹斗，企图突围逃窜，战斗异常激烈。

在解放新乡的日子里，史来贺带领民兵，组织了12 副担架，冒着枪林弹雨抢救伤员，还为解放军挖战壕、筹集运送粮草，有力地支援了前方的作战。1949 年 5 月 5 日，新乡城解放。由于史来贺的勇敢表现，新乡军分区、新乡县人武部授予他"支前模范"荣誉称号。

史来贺和民兵们一边支前，一边打击土匪恶霸，保卫胜利果实和群众的生命财产。卫老启是新乡原阳一带的大土匪头子，仗着有 100 多杆枪，为非作歹，祸害百姓，还准备偷袭刘庄民兵自卫队。史来贺决心剿灭这股土匪，于是想方设法通过卫老启土匪内部一个人做内线，及时掌握土匪的活动动向。一天夜里，内线告诉史来贺说，卫老启在原阳辛集召开土匪头目会议，商量对附近的民兵组织下手，史来贺感到事态严重，随即连夜一路小跑，到当时新乡军分区所在地焦作，向军分区首长汇报了情况。军分区首长当即拍板，派出一个连的兵力，协同夏庄乡 200 多名民兵，合围辛集，并决定由史来贺担任合围辛集的"总指挥"。

史来贺接受任务后，当天就派出两名民兵和解放军的一位班长，化装深入辛集侦察。当晚，内线又送来情报，卫老启正在辛集一个地主家秘密聚会。

事不宜迟，史来贺当即带领解放军和民兵们趁着夜色火速行进，将辛集团团围住。深夜突袭，一场激战，匪首小头目纷纷落网。但是，卫老启却不见踪影。原来，卫老启在一个一贯道徒保护下，化装悄悄逃走了。

时间就是战机，半点延误不得。史来贺随即带领民兵小分队，按照辛集老农民提供的卫老启逃窜方向，摸黑前去追捕。一路询问，一路追赶，判断卫老启的逃向，经过三天三夜的紧急追寻，终于发现了卫老启的身影。卫老启已是疲惫不堪。史来贺和民兵们鼓起劲，把卫老启按翻在地。谁知卫老启趁着民兵不注意，又纵身逃跑，情急之下，一位民兵扣动了扳机，结束了卫老启罪恶的一生。

抓捕新乡县伪五区副区长刘荣堂，更显示出史来贺的智勇双全。

刘荣堂在国民党的官场混迹多年，仗着手中的权势和身边的一帮打手，无法无天，烧杀抢掠，奸淫妇女，无恶不作，群众称他是"刘霸天"、"刘阎王"。清匪反霸刚开始，刘荣堂企图逃跑，被史来贺逮住，关在刘庄，等候公审，狡猾的刘荣堂却乘机逃跑了。史来贺得知消息，迅速带着两名民兵前去追赶。

刘荣堂心虚，不敢往有村镇的地方跑，怕后边追的人一声吆喝，就会被抓着。他顺着古老的黄河滩跑，因为黄河滩里，没人居住，不会有人堵截。

刘荣堂在前面跑，史来贺等人在后边追。眼看就要追上了，刘荣堂一闪身钻进了一个方圆三四里的大芦苇塘里，这可怎么办？芦苇塘面积大，追赶的人手少。刘荣堂随时都有跑掉的可能。

史来贺低头想了想，就把前来追赶的两位民兵杨发忠、张克成喊到跟前悄悄地进行安排。他让一人把守芦苇塘南边，一人把守东面，在东南两面燃起火堆，一边打枪，一边呐喊，他自己则跑到北面，同样燃火，鸣枪，呐喊，之后史来贺急忙跑到西边守株待兔。刘荣堂知道追赶的人只有三人，估摸东、南、北三面有人把守，西面定然无人，就从西边逃跑，谁知刚一露头，就被史来贺逮个正着。

在刘庄村一带，群众佩服史来贺，喜欢史来贺，而坏人听到史来贺的名字，却胆战心惊。

➡ 入 党

★★★★★

1949 年初夏的一个晚上，明月当空，星河灿烂。刘庄村外的田野里，凉风习习，一片静谧。月光下，两个人影，漫步在庄外的田间小道上。

他们是新乡县委派驻刘庄的工作组长、共产党员刘秉衡和已任刘庄民兵联防队长的青年人史来贺。

"小史，你内心对我们共产党怎么看？"刘秉衡是根据上级党组织的安排，来找史来贺谈话的。

"我们穷苦百姓，世世代代受富人的欺压，一代一代受穷受苦，早就对反动派、对不合理的社会制度恨透了。可没人来领着咱穷人，攥成一个拳头和黑暗社会、黑暗势力斗争。是共产党站出来，领着穷人闹革命、闹翻身。共产党是穷人的大救星，这是穷苦百姓掏心窝子的话，也是我史来贺掏心掏肝的话。一辈子拥护共产党，跟着共产党干革命哪怕是掉脑袋，也永不后悔！"史来贺说出了一直闷在心里的话。

"那，你愿意加入共产党吗？"

"当然愿意！岂止是愿意，做梦都在想！"

"那你为什么从来没有向党组织提出过入党申

请，哪怕是口头要求也没提过呀？"

史来贺十分坦诚地回答道："我总觉得呀，我离一个共产党员的要求还差得远哩。这两年，我也接触过一些党员同志，他们个个都经历过严格的考验。有的南征北战，屡立战功；有的为革命流过血，负过伤；有的被反动派抓去坐过牢，受尽折磨，英勇不屈。总之，他们每个人都像是特殊材料制成的，跟咱普通老百姓不一样！而我呢，亏得组织上看得起，当了民兵干部，凭着对旧社会的恨和敢跟坏人斗的胆量，做了点群众赞成拥护的事，还没经历更大的考验，你们看俺会够共产党员的条件？"

"流过血，负过伤，坐过牢，甚至家人做出过巨大的牺牲，这是一种严峻的考验。但这些，并不是入党的唯一条件。"

"那，入党还要哪些条件？"史来贺不解地问。

刘秉衡没有讲什么大道理，而是单刀直入："根本的条件，是为老百姓做事得掏心掏肝，跟共产党干革命要赤心赤胆！"

"嗯，这个我史来贺做得到，今天做得到，一辈子都做得到！"

"那就好！"从史来贺的话语里，刘秉衡看出了这个刚参加革命斗争一年多的年轻人，自我要求严格，把一生献给党的赤诚，心中暗自高兴。多好的一棵苗子啊，将来，一定会成为我们党的一个优秀党员。

刘秉衡转过话头，接着问："小史，你知道我们党的性质和任务吗？"

"性质，不就是穷人的组织吗？任务，不就是打倒地主老财，让穷苦百姓都过上好日子吗？"

"你说得对，但不全对。我们共产党的性质和任务，概括起来讲，就是共产党是无产阶级的先锋队组织，每个党员都要全心全意为人民大众服务，为实现共产主义的远大目标而奋斗。"

"啥是社会主义？"

"社会主义就是没有剥削，就是让大家都过上好日子。"

史来贺恨透了万恶的旧社会，恨透了那些地主老财们。当他认识到共产党领导群众闹革命，就是要建设社会主义，让大家不再受压迫、受剥削，不再受苦，都过上好日子。他高兴极了，他和全村人盼的不就是这个吗？史来贺的眼睛湿润了，他激动地拉住老刘的手，倾吐着发自肺腑的话语：“俺愿意参加共产党，俺铁心跟党干革命，打倒国民党反动派，解放全中国，让穷人翻身得解放，走社会主义道路，为共产主义干到老死也不变心！”

1949年8月6日，是史来贺一生最难忘的日子。这一天，由共产党员刘秉衡、郭明录二人当介绍人，经上级党组织批准，史来贺光荣地加入了中国共产党，成为刘庄第一批党员。这一天，史来贺站在党旗下，庄严地向党宣誓：“为了穷人有饭吃、有衣穿、有房子住，让他们都过上好日子，我自愿参加中国共产党，不怕死，不怕吃苦，不怕吃亏，跟党走，一辈子不变心，死不回头！”

从向党宣誓那一刻起，史来贺就始终牢记自己的入党誓言，不断重温入党誓言，用入党誓言对照自己的行动，检验自己的行动，监督自己的行动，激励自己的行动，使他在此后50多年的岁月中，高标准，严要求，忘我拼搏，无私奉献，扎扎实实为群众办事，带领群众走党指引的社会主义共同富裕的道路。

迎战贫穷

⟶ 组织起来

★★★★★

伴随着共和国成立礼炮的轰鸣，祖国大地一片欢腾。红旗飘扬，歌声如潮，农村在改变，城市在改变，一切都在改变。

土地改革把穷苦农民获得土地的希冀变成了现实。分得土地的农民脸上绽开了笑容。他们期盼丰收，期盼富裕。

但是，获得土地只是刘庄农民走向富裕的第一步。他们迫切需要得到进一步的引导和帮助，需要克服一家一户的势单力薄，需要互助合作，需要克服困难，需要新的农业技术，总之一句话，需要逐步摆脱小农经济的枷锁。

史来贺的心境很不平静，他看到了一种不容忽视的现象，一种令人担忧的事实。土地改革后还是一家一户的小农生产，由于翻身得解放，农民精神振奋，仅一年多时间，刘庄变化了，126户农民，70多户生产有所发展，37户维持原状，近30户生产下降，这中间，有20户贫雇农开始借债，23户开始变卖土地，还有些户为中农扛长工，有的户进行放账。家中只有三口人的贫农杨法忠，因为种地不在行，一亩棉花只能收六七斤，一亩粮食地只打70来斤，生活顾不住，又欠下了债，只好卖掉4亩地还账糊口。贫农刘长法，家中困难，就把土改时分到的两间房屋卖掉，自己挖了个坑道住进去……。史来贺想不下去了，感到揪心般地难受。难道不能想个法子解决这些问题？

深夜，史来贺躺在床上辗转反侧，无法入睡，思谋着：要是把几户农民联合起来，互相帮助，互助合作，取长补短，解决单干户劳力少、缺牲口、没技术等所带来的种种困难，是不是更有利于发展生产？说干就干。于是，天一亮，史来贺就到几户农民家商量去了。

他叩开了杨法忠的屋门，征求杨法忠的意见："法忠，我们一起搞生产互助咋样？"

杨法忠带有顾虑，问道："那么，刚分给咱家的地，还没烫暖和，不又合到了一块儿，成了大伙的啦？"

"哪会呢？地还是你的地，只是在生产上互相帮助罢了。"史来贺解释说。

"只要地不合到一块去，只是在耕种上互相合作，那中。"杨法忠同意了。

"看你家自个儿种地，既缺牲口，又缺劳力，种田本事也不咋的，我看，还是联合几家人，搞生产互助合作吧。"

史来贺走进了王修海家。"我们家，要劳力没劳力，要农具没农具，要牲口没牲口，你同我家搞生产互助合作，不是找着受拖累，找着吃亏的吗？"王修海心中也巴不得有人能帮一把，可就是担心沾了人家的光，心中不安。

"啥拖累呀？搞生产互助合作，就是让有能力的人，对种地有困难的人，'拖'一把嘛。肉烂了在锅里，肥水不落外人田。都乡里乡亲的，俗话说，远亲不如近邻。讲什么吃亏、沾光的？就是吃点亏，有什么大不了的？"史来贺说得挺实在。王修海也同意搞生产互助合作了。

就这样，史来贺一家一家地登门做工作，说服了村里5家人，于1951年4月，组成了第一个常年互助组，史来贺任组长，赵修身任副组长。全组6户人家，21口人，有12个劳力，70多亩耕地，4头牲畜。

生产上要合作，首先是心要合在一起。中国农民，千百年来都是生活在小农经济的环境里，各自为政，各家谋食。搞互助组，看起来是"小事"，实际上，对生产形式的这一变革，长期习惯了以家庭为单位独自经营的农民，一时还很难适应。虽说参加了互助组，但在心里，总存在着为自家的念头。比如有的不肯把牲口交给组里让他人使唤，怕别人不爱惜，将自己的牲口使趴下了。有的在大忙季节，总想着先把自家的地种了、收了，再去管别人的地。

史来贺把自己的一头牛、一张犁、一盘耙等生产工具，全部拿了出来支援组里的其他成员。在播种、收获季节，又总是组织劳力先种、先收其他5户人家的地，然后才种、才收自己家的。他用自己的行动，给全组人做出了样子。

史来贺创建、领导的互助组，虽说只是个小小的生产联合体，可它却显示了团结的力量。

史来贺互助组成立不久的1951年初夏，一场罕见的雹灾袭击了刘庄。即将成熟的小麦，麦粒被打掉，麦地成了光秆子。刚出土的棉花，叶子被打得稀巴烂，几乎全部"夭折"。史来贺领着全组人员，搞生产自救。小麦受了损失，赶紧种植夏秋作物。棉叶打烂了，能补栽就补栽，不能补栽的就重新种植，并且加强田间管理。年底算总账，组里的地，亩产皮棉40斤，粮食300斤，比单干户平均每亩多收粮食60斤，皮棉12斤。

史来贺互助组的组员，每户的收入都稳步增加，昔日缺衣少食的忧愁不见了，取而代之的是丰衣足食的喜悦。在搞好田地生产的同时，又联合盖新房。组内6户人家，统一安排人力、畜力，为盖房户运土，使原来住在破旧茅草屋的4户人家，盖起了16间新房。

刘庄第一个常年互助组——史来贺互助组，让全村人眼睛一亮："搞生产互助合作，比一家一户单干强，这条路子行！"全村人真正地看到互助组确实比单干强，纷纷成立互助组。互助组一下子发展到了36个。

1953年底，中共中央通过了《关于发展农业生产合作社的决定》，史来贺读着中央文件，感到格外亲切，眼睛更加亮堂了。史来贺带头组织56户农民，成立了刘庄第一个初级合作社。1954年，刘庄又相继成立起两个初级合作社。

初级社很快便显示出比互助组更多的优越性。这种较多农户的联合，使较大规模的统一规划得以进行，平整土地不再是小地块的局部行为，兴修水利，正在逐步变为现实。昔日肆虐于一家一户的自然灾害受到集体力量的回击与抵御。农民们不再为再度贫穷而心神不宁。

刘庄农民正在一步步地按照党指引的方向，向前行进！

刘庄农民共同富裕的坦途正在一天天拓展。

→ 刘庄的"主心骨"

★ ★ ★ ★ ★

1952 年 12 月，史来贺当选为刘庄党支部书记，挑起了带领全村人治穷致富的重担。

翻身解放了的刘庄人不再受压迫和剥削，心情舒畅了。但是，一个"穷"字却压得人们紧锁眉头。

要扳倒"贫穷"可不易哩，那时候，农民主要靠土地。解放前一亩地只打一百多斤粮食，从互助组到初级社，收成提高了，但最多也不过 300 多斤，扣扣种子、饲料，缴缴公粮，地种得好的户也只是够吃并少有节余，产量低的户不仅顾不住生活，还得东挪西借。群众的温饱问题还没有解决。

"穷"根该从哪儿挖起? 史来贺反复思忖着，心里像压了块石头。

他走进老贫农的茅屋，坐在老党员的炕头，他带领支部一班人反复在全村 1.5 平方公里的沟沟坎坎上察看，寻求改变面貌的办法。

支部会上，有人提出：关键在于提高粮食、棉花产量。但怎样才能提高产量呢? 大家纷纷议论，莫衷一是。

"必须多上粪，庄稼一枝花，全靠粪当家！"

"我看得打井，旱天能浇地，高产才有保证。"

"地是奔拉头，侧楞坡，高坡水流走，洼地苗淹死。地，咋个浇法？"

听着大伙的议论，史来贺陷入了沉思……

刘庄400多年的建村史，400多年的垦荒曲，只是由低产贯穿始终，一家一户为单位的播种收获，无力扭转贫穷的景况。

如今，已走上初级社，走上了联合的路子。人心联合了，土地联合了，改变旧面貌有了好条件。

经过认真思索，史来贺的思路渐渐明朗化了。他开始谈自己的想法：

"……大家谈的，都很有道理。但我想，结合咱村现在的条件，咱们是不是得先抓住平地改土？地平了，水肥就都能保住了，下一步咱再一项一项抓，打井呀，积肥呀……实现高产，由穷变富才有希望。"

支委们都觉得史来贺的话在理儿，但又觉得平整土地工程量大，需要的时间长，怕坚持不到底，又怕影响当年生产。

史来贺坚定地说："平地改土的工程量确实很大，不是一两年就能干完的，但地是死的，人是活的，平一洼少一洼……平地改土，咱既得抓紧，又不能急躁，要有长期准备，要有吃苦精神。党让咱在这里带领群众干社会主义，咱就得扑下身子，舍得奉献，干实事，创新业，为党争光！"

1953年春，一场平整土地的战斗在刘庄打响。

全村400多名劳力，热火朝天地干起来。当时的生产工具十分落后，只能靠手推车推土，平车拉土，再就是用粪筐抬土，还得靠铁锨一锨锨挖，一锨锨装。冬天，地冻得跟石头似的，还得用洋镐、钢钎打开冻土。干了一段时间，有的人看效果不明显，想打退堂鼓。史来贺坚定地劝大家："社会主义天上掉不下来，地上冒不出来，别人也不会送来。只有咱大伙齐心协力，艰苦奋斗，自力更生干出来！"他带领大家不迟疑、不退缩地干。史来贺总是把推车装得满满的，和大家比着干，从不知累。一次，他发疟疾，身子冷得直打战，就穿上棉袄，照样上工地推起小车干起来。

人们劝也劝不回他。大家看到这种情况，十分感动地说："人家来贺为的啥？还不是为了让大家过上好日子！"社员们学着史来贺的样子，苦干、实干、拼命干，肩挑、车推、人抬，一锨锨、一筐筐、一车车，硬是靠自己的双手，靠坚强的毅力，经过20年的艰苦奋斗，终于铲掉了"耷拉头"、"侧楞坡"，填平了"蛤蟆窝"，把"瞪眼红"地变成"两合土"地，把盐碱洼变成丰收田。

四大方旱能浇、涝能排的旱涝保收田在人们面前呈现了。

20多年来平整土地投工40多万个，动土200多万方，要是一方方接连排起来，可以从北京排到广州。

这是何等惊人的数字！刘庄人流的汗水谁能数得清！

刘庄高级社

1956年对于刘庄人来说真是多事之秋。

当刘庄人从困难中走过，从苦涩中走过，赢得了胜利，赢得了经验的同时，也引发出思考。史来贺经常对人说的"遇事要有主心骨，不能听风就是雨"这句话就是多年来实践经验的总结。

初级社建立后的连续三年丰收的喜悦化作农民脸上鲜艳的笑容。集体化道路的优越性逐步拓展着人们的认识。

这年3月，一项突如其来的指令下达了，要求夏庄乡所辖的8个村、30多个初级社迅速合并为一个大高级社，由史来贺担任社长。当时刘庄属夏庄乡，史来贺担任着夏庄乡党总支书记兼刘庄党支部书记。消息传开，干部群众思想混乱起来。有的村私下把集体留的粮食和种子全部分掉了，有的将公共财产瓜分一空。生产处于没人管的状态，群众情绪低落，等待观望。

史来贺看到这种情况，了解群众的心态。他觉得办大社条件不成熟，不利于发展生产。他把自己的想法如实地向区里和工作组进行了汇报。

第二天就要召开大会，宣布夏庄乡高级社成立。时间紧迫，刻不容缓。刘庄的干部群众等待史来贺归来。

史来贺连夜回村召开党员干部会议，让党员干部认真讨论。大家你一言我一语议论开了，发言声、争论声划破了寂静的夜空。此刻的刘庄，很多人都没有睡觉，都在等待着党支部的最后决定。

有的说："外村公共积累少，咱村公共积累多，强扭到一块，穷沾富光。"

有的说："初级社就不错，慌着办大社，咱心里没有底！"

有的说："成大社，七八个村合到一起，条件不一样，人心不齐，生产咋会搞好？"

有的说："并大社，那不是哪村富哪村吃亏？"

有的说："土犁土耙，笨重劳动，合到一块还不是照样贫穷？"

绝大多数人都不同意并入夏庄乡高级社，赞成刘庄单独成立一个小高级社。

只有一个党员同意加入夏庄高级社，说："我是共产党员，不能拉社会主义的后腿。"

史来贺对他说："如果你愿意，可以单独到夏庄加入高级社！"

刘庄党支部做出决定：成立刘庄高级社，史来贺兼任社长。

史来贺立即给乡里打电话，把刘庄党支部的决定进行了汇报。最后还特意加了一句话："一个乡成立一个高级社，是搞社会主义；一个村成立一个高级社，也是搞社会主义！"

党员激动了，干部激动了，全村人激动了，他们不顾劳动一天的疲累，迅速推石滚，抬门板，搭大台，并张贴标语，悬挂会标，拟定大会议程。

这天，夏庄高级社成立，只有刘庄没有到会参加。

刘庄人在自己的村子里，在自己搭的大台上召开刘庄高级社成立大会。鞭炮声、锣鼓声、呼喊声，振奋着鼓舞着人心。刘庄人决心在党支部领导下，同心协力，发展生产。让事实证明一村一社是不是更符合客观实际，是不是更有利于发展生产。

→ 团结抗灾

★★★★★

满心想让生产快速发展、群众尽早富裕而建起的刘庄高级社，不料却换来上级领导异样的不理解的目光，接下来便是一顶顶吓人的"帽子"飞来。说什么刘庄搞一村一社是"顶撞上级""目无领导""本位主义"，是"灯下黑""小台湾"，开会不让刘庄干部参加，统计报表不让刘庄高级社填写。好像刘庄高级社压跟儿就不存在，或者说，要生个法儿把刘庄高级社压垮、吃掉，重新并入大高级社，以显示领导的"权威"。

史来贺说："一村一社中不中，让我们试试再说。"希望得到一个较为宽松的环境。

条件靠自己创造，不能等，不能靠。开会不通知，刘庄高级社的干部得到消息，就自动赶到会场听报告；县里下发的文件，没有刘庄的，就到兄弟社找来学习；统计表格没有刘庄的，就找有关领导去要表格填写。

史来贺和刘庄的党员干部群众，没有在冷遇和打击面前低头，也没有灰心泄气。而是憋着一股劲，要把自己的高级社办得更好，把生产搞上去。他们认定一个道理，就是搞社会主义不是凭要嘴皮、扎花架子，而是要扎扎实实地干，干出成绩，让群众生活提高，让大家信服社会主义。

天有不测风云。

1956年这一年，刘庄高级社对农业生产寄予极大希望，这一年，倾注了更多的投入，推广了新疆植棉经验；这一年，小麦长势良好，籽粒饱满……

5月底的一场涝灾使这一切化为泡影，希望变成了失望。

水火无情。20多天的连绵淫雨霉烂了刚刚收到场内的小麦；田野的积水淹死了几天前还是绿油油的棉花苗；小秋种不上，老房在倒塌，社员的思想波动了，心中害怕了，有的人扛起铺盖卷要往外地谋生去。怎能不害怕呢？这次涝灾距离上次大旱灾仅仅15年时间。吃草根，吃树皮，吃棉套，逃荒要饭，饿死人……人们记忆犹新，哭声响在耳畔啊！

这些天来，史来贺和干部们哪一天不是顶雨趟水过日子！他心里惦念着全村人的安危，每天都要带着干部到各家各户察看房子情况。一天傍晚，浓黑的阴云从天边滚来，一阵猛雨劈头盖脸地砸下来，转眼间，路面上的水积了半尺深。史来贺马上招呼正在村办公室值班的高级社副社长李兴德、杨森峰、夏治香一起顶着雨踩着泥水到各家去察看。他们来到刘长升老汉住的小草屋内，看到这间半地上半地下的低矮小屋房顶漏雨，土墙剥落，十分危险，史来贺二话没说，背起刘老汉出了屋，安排到安全的地方，这天夜里，这间草屋坍塌了。他们来到尚玉梅家，尚玉梅的丈夫在外地工作，她正坐在油灯旁看着滴答滴答直漏雨的屋顶唉声叹气，一筹莫展，三个年幼的孩子睡熟了。史来贺看到房子裂缝正在扩大，就动员她立刻搬出去，可尚玉梅说啥也不搬，史来贺他们抱起孩子拉着尚玉梅从屋里冲出去，没走几步，房子就倒塌下来。看到这危险情景，尚玉梅哭起来："史书记，要不是你们救俺，俺和孩子就都没命了。"

党员干部的行动感动着群众的心。

群众大会上，史来贺动情地对大家说："旧社会一遇灾荒，咱穷人逃荒要饭，冻死饿死没人管，如今是新社会，有共产党领导，奔的是社会主义，请大家放心，有党支部带领大伙团结抗灾，决不会让一个人挨饿，决不让旧社会的悲剧重演！"

群众有指望了，不再愁眉苦脸了，精神振奋了。

"生产自救，团结抗灾"的热流激荡着人心，冲击出一个个热火朝天的实际行动。于是，改水排涝，抢救棉花和小秋；补种萝卜、蔓菁；磨豆腐，下粉条；烧砖瓦，搞运输；割草卖草，织布卖布……赚了钱，分了红，买粮不用愁了。过春节时，家家户户都吃上了白面馍和饺子。

1956年的大涝灾磨炼了刘庄人。使他们迈出了由穷变富的第一步。

全村人心安定了，刘庄高级社巩固了。

在这极端困难的情况下，集体经济没有被压垮，而且压出了搞好刘庄的意志和决心，人心更向集体了。

社员们都夸党支部和史来贺说得到，做得到，信得过，靠得住。

这时候，夏庄高级社所管辖的村庄，出现了不少难以填平的裂痕，矛盾公开化了；生产没人管，救灾没人抓，工作陷于被动局面……没多久，只好以村为单位分为七个小高级社。

事实证明，刘庄以村为单位建立高级社的做法是正确的。

本来，1956年刘庄农业产量的大幅度跌落的责任，可以顺理成章地完全推给自然灾害，一推了之，干部不用承担什么责任。

史来贺偏偏没这样做。他代表党支部郑重其事地向群众检讨了种植棉花过程中的指挥失误。这是一次实事求是的检讨，一次感动人心的检讨。群众是那样的通情达理，他们没有责备史来贺，反而更加信任史来贺，支持史来贺。检讨会进一步激励了人心，凝聚了人心。

科学来不得半点虚假。史来贺就是以极端认真的科学态度对待农业科学技术，他不只是从分析研究中查找了棉花减产的原因，更重要的，是他真正感受到了科学技术的重要性和掌握科学技术的紧迫性，科学技术是实现高产稳产的阶梯。作为农村党支部书记，不仅要指挥全盘，还要成为领导农业生产的内行。

史来贺小时候虽然从父亲手里学会一套熟练的种地本领，赶车摇耧，扬场放磙，样样精通。但他不能满足于老经验，他必须学习新技术。

1957年春，村党支部决定成立由农业技术员、干部和老庄稼筋组成的"三结合"科研组，并专门划出八亩半土地做棉花试验田。史来贺担任科研组组长。

科研组是一面旗帜，它表达了党支部依靠科学夺取丰收的决心。

史来贺的决心下定了，他要扑下身子，踏踏实实地学习农业技术，推广农业技术，让科研组的作用得到充分的发挥。

史来贺住进棉花试验田，把办公室搬到田间，用自己的决心、诚心和信心，引导群众，依靠科学，赢得丰收。

在试验田里，他虚心向县里派来的农业技术员王健民学习技术。夜里，认真听讲课，做记录，不懂就问；白天，在棉田里实际操作。从理论到实践，从实践到理论，孜孜不倦地学习着。

他虚心向老庄稼筋求教，把新技术与传统经验结合起来，进行探讨、琢磨……

他与试验组成员一道，一起钻研棉花播种、治虫、田间管理等一整套技术。他与试验组成员一起，进行棉花管理，等行距、宽窄行的试验，进行多品种试验……

他按照技术员的要求，定点、定时观察棉花的生产情况以及病虫害的生活习性，详细而认真地做记录、填表格。那一张张、一行行的数字，是他冒着细雨、顶着烈日、沐着月光、和着汗水、忍着蚊虫叮咬的记录，也是他为了夺取棉花丰收的决心、诚心和信心的记录。

他总结出了"壮苗稳蕾抓初花，盛花稳促把桃抓"的植棉经验和"早苗早管，壮苗早发，看苗管理，稳蕾搭架，水肥巧管，稳促盛花，一管到底，三桃满挂"的一套技术措施。

小田搞试验，大田搞推广，史来贺将试验田作为前沿阵地指挥部，指挥着一项项新技术在刘庄的1000多亩棉田里推广。

推广新技术、新措施，看似容易。但真正推广起来，难度却不小。旧的习惯势力像一只无形的手，采取着五花八门的手法，阻止着，阻挡着，不让新的东西通过。

根据刘庄土质和地力情况，棉花密植株数应根据不同地块，分别种植4500~5500株。一听说一亩地要留这

△ 1957年史来贺在棉田劳动

么多的苗，少数人的头摇得像拨浪鼓似的，当即表示反对，说："老辈人种棉花，都是棉花行里卧老牛，现在这样稠，不得长成竹竿样？"有人干脆毫不客气地挖苦道："冬天不用干别的事啦，有生意做了，情推小车去卖鞭杆啦！"还有人表面不言语，到定苗时有意定得稀疏，锄地时故意多毁一些棉苗。有个小队思想不通，到定苗时只定了3000棵。

史来贺理解这部分人的思想顾虑。他没有过多的批评。

他要让事实站出来说话，让科学的事实去说服思想不通的人们。

终于，熬过了一个个不眠之夜，在汗水浇灌的棉田里，密匝匝的棉花朵绽开了丰收的笑脸。

刘庄人笑了。

对合理密植不理解的人们，在笑过之后，又陷入沉思之中，那个稀植的队和密植的其他队相比，一亩地竟少22斤皮棉。

从整体上讲，刘庄获得了前所未有的大丰收。这一年，皮棉亩产达111.5斤，粮食亩产430斤，刘庄一下子跨入了全省、全国的先进行列。

1957年，周恩来总理在中南海小礼堂，接见出席全国棉花会议的代表。

周总理握住出席这次会议的最年轻的代表——史来贺的手，亲切地说："千亩棉田亩产百斤以上，你们在全国带了好头，希望你们认真总结经验，找出差距，高产再高产，彻底改变贫困面貌，给全国树立个榜样！"

总理的亲切话语，是鼓舞，是鞭策。

史来贺牢记总理的嘱托，紧抓农业不放松，为夺取粮棉高产进行着不懈努力。

他八个春秋坚守在试验田这块阵地上，不顾风吹日晒，夏暑冬寒，以棉田为家，以科研为业，矢志不渝，以自己的心血和汗水，浇灌出累累丰收硕果，奉献出一颗赤子之心。

走出"虚幻"

抵制"瞎指挥"

★★★★★

历史的进程中有时会出现非常奇怪的现象。在过了一段时间之后再看这种现象，尽管会感到十分幼稚可笑，不可思议，但它毕竟发生了。

1958年，随着人民公社的成立，神州大地好像一下子进入了"共产主义"。于是"钢铁元帅升帐"、放"卫星"，"人有多大胆，地有多高产"。于是便产生了虚幻的规划：公社没有苹果树却计划社员一天吃几斤苹果，没有奶牛却计划社员一天喝多少牛奶，深翻土地可以使小麦产量提高到人们难以想象的程度。

说大话、假话，公社开会报产量，谁也不敢先开口，谁先开口谁落后，落后了，就是"右倾"、"暮气"，都在被扫除之列。

这年秋后，七里营人民公社召开了"小麦高产卫星战地会"，会议要求各大队深翻土地，放小麦高产"卫星"，会议发言，自报深翻土地的数字，有的队报深翻5尺，有的报深翻10尺，有的甚至报翻到地下水面。刘庄的干部咬咬牙，报了搞10亩实验田，每亩深翻3尺的计划。刘庄的干部在会上受到批评，因为报的亩数少，翻得浅，思想跟不上"跃进"的形势。

参加会议的干部回到村里，向史来贺详细汇报了会议精神，史来贺安慰他，并召开支部会议谈了自己的意见："深翻要有适度，太深了，翻上来的全是生土，怕不会增产，但是上级开会布置了，咱又不能不办，我看咱们不要搞那么多，只搞3亩地试试，就是减了产，损失也不会太大。上面要是追查责任，由我负责。"

公社专门派了由党委委员、农业技术推广站站长等人组成的工作组，坐镇指挥。

工作组长找到史来贺，眉飞色舞地说："这回咱队可得放个大'卫星'呀。"

史来贺问：这个"卫星"有多大？

工作组长神秘地答道："3亩试验田，要求亩产15万斤，这样，3亩地就能收45万斤，刘庄800多人，一个人就合560斤，就是不种其他庄稼，也够刘庄人吃的了！"

史来贺吃惊了。亩产15万斤，真是天文数字。

史来贺压根儿就不相信，他不敢相信，也不会相信。眼下一亩小麦收300来斤；15万斤，等于500亩地的小麦收成，可能吗？

开始深翻土地了，工作组严密监督，按要求不能走样。史来贺带领200名劳力，干了好几天，翻地3尺，翻了3亩，一亩地上了100车猪粪，1000斤磷肥。

下种时，史来贺提出疑问："每亩地耩300斤麦种，怕不中吧，太稠啊，一亩地种的麦种相当现在一亩的收成呀……"

工作组长说史来贺不信工作组长的"科学"！既然搞试验，那就搞吧。谁对谁错，让事实说话。

耩地时，可难为坏了扶耧人。首先是耧籽眼不好定。老天爷，从前，谁家下过这样多的种子？摸不准多大籽眼能耩 300 斤，只好把籽眼定得比从前大得多。谁想地快耩完了，麦种还剩不少。这可怎么好？没办法，只好再横着耩。300 斤种子费了好大劲才算耩完。

没几天，3 亩小麦试验田，麦苗密密麻麻像马鬃，铺盖得严严实实。刘庄大田的小麦按照史来贺的安排，适当加大播种量，及时追肥和浇水，苗肥苗壮，一片油绿。

工作组长带着亩产 15 万斤的梦幻，查看试验田的小麦，急得满脸流汗，抓耳挠腮。史来贺对他说："你不是说到出穗时，人可以在麦穗上走吗？不用到出穗时，现在就可以在上面走啊。"工作组长无言以对，问老史该咋办。史来贺说：恐怕得动手术呢——就是给小麦间苗！

史来贺又派出几十名劳力，连续好几天到试验田拔麦苗，对即将造成严重减产的试验田进行及时抢救，使小麦有了自己生存、生长的空间。收麦时，试验田亩产 260 斤，比下的种子还少 40 斤。试验田放小麦高产"卫星"梦幻的破灭，大大出乎工作组的意料。他们无颜见刘庄父老乡亲。

刘庄人庆幸没有听工作组的，把希望寄托在 3 亩试验田上。如果那样，刘庄将会陷入全村只收 780 斤小麦、人均不足 1 斤小麦的饥饿贫困境地。事实也使史来贺切切实实地看到了"瞎指挥"的危害。作为领导者，如果不依凭科学精神，而单凭想当然去干事、去指挥，就是盲干和瞎指挥，其后果真是不堪设想，危害无穷啊。

→ 砍树风波

★★★★★

七里营公社一成立，"一大二公"的思想迅速占据了人们的头脑，并化作一个个极其愚昧的行动。那时，在不少人的意识里，没有了"私有财产"，也没有了"集体财产"，公社就是通向共产主义的"桥梁"。公社可以随意调拨各大队的劳力、粮食、财产，公社可以随意拉走社员的树木、砖瓦等⋯⋯

公社刚成立，是个"空架子"，但也要显示一点派头和权威。要盖一座礼堂，却没有木料、砖瓦。于是立即成立起一班伐树小组，以公社驻地为轴心，由近及远，凡够上檩条的树木，全都标号砍伐。一时间，河旁、路边、荒坡、坟地及社员家庭的树木都遭到横祸，难逃被砍伐的命运。

史来贺听到这种情况，心中就来气。他觉得这种乱砍滥伐树木的做法，搅混了全民所有制、集体所有制和个人私有制的界限。可是，明知不对，又不能硬顶。

眼看就要砍伐到刘庄的树木了，史来贺立即召开党支部会议，研究出了一个比较妥善的办法，就是无论谁来刘庄调走什么东西，都必须留下凭据。这样，一可以证明刘庄对公社、对国家做出了多少贡献，二可以清楚地向刘庄群众说明各项物资的用场，三可以防止某些干部混水摸鱼，化公为私。

伐树小组来刘庄砍伐树木，正要装车运树时，史来贺来了，把大队的意见郑重其事地告诉他们。

运树人冷笑着说："打啥收据哩，现在公社化了，很快就要共产主义啦。还分啥你的我的他的？都是公家的，公家的东西公家用，就对了。"

史来贺毫不妥协地对他们说："这些东西是集体的，你们要拉，可以，但收据一定得打，不打条就不能拉，俺对社员也好有个交代呀！"

拉树的人没办法，只好如实打了收据，后来，不管公社派人来拉小麦、玉米，还是拉棉花、大豆，一律都让打收据。在打收据的人看来，打条就打条，公社的东西公社用，你能怎么着！收据还不是一张废纸？

但是，历史常常爱开个玩笑。事情的发展是如此之快——毛主席明察秋毫，在郑州开会纠正公社化中出现的"一平二调"等错误倾向，并下发了文件，没多久，谭震林副总理又带人搞民主整社来了。

"平调"的东西要退赔。但退赔总得有个依据，没有依据的退赔岂不乱了套？刘庄人拿出了一张张收据，共需退赔款 7.2 万元。史来贺拿到退赔款后，又按照清单，把平调社员的部分树木等物资，如数退款给社员个人。真没想到啊，这一张张收据，竟成了退赔的证据，也成了"一平二调"错误的证据。

公社成立后，高级社时的"三包一奖"立即就被取消了，而代之以"军事化"，采用大兵团作战方式领导农业生产。那一阵子，田野里到处红旗招展，人喊马嘶，热闹非凡。原来，公社统一要求各大队要做到红旗到田、学习到田、劳力到田、牲口到田、吃饭到田、幼托到田，叫作"六到田"。大跃进必须做到"人不离甲，马不卸鞍"。

史来贺看到这阵势，就知道是在扎花架子。雷声大，雨点小，声势大，干活少，这样下来，干活出勤不出力，那不是顾了领导的脸皮，误了干活的时机，饿了社员的肚皮？史来贺可不乐意这样干。他是实打实干实事的人。你想，刘庄土地离村近，晌午回家要不了几分钟，何必顶着冷风，在地头吃凉饭？

于是，一等检查过后，史来贺就宣布各回各家吃饭，也不让在田间办什么托儿所、幼儿园。劳力到地里，干活就一股劲地干。不拖拉，不磨蹭，工效提高了，用史来贺的话说，这叫作"爱兵惜将"，干部社员的劳动劲头不保护、不爱惜，集体生产咋会搞上去！

→ 兼任"司务长"

★★★★★

公共食堂是人民公社的一大"创举"。

"干不干，三顿饭；干不干，两块半。"七里营公社成立后，人们就用顺口溜进行了生动形象的评价。不管你干不干活，都能吃三顿好饭、饱饭，都能发两块半的生活费。

1958 年秋天，大办公共食堂。开始那阵子，由于高级社积存粮食，食堂办得有声有色，三天一改善，五天一评比，社员心里满意，感觉着这就是"共产主义"。

强壮劳力都上山大炼钢铁去了。村里干活的只剩下弱劳力。一些干部都觉得不愁吃不愁喝就是到了"共产主义"，对农业生产也不那么重视了。于是地里的庄稼收不收无所谓，眼看着玉米、红薯烂到地里，棉花没人摘，集体的东西都抛洒了，丰产没丰收，到 1959 年下半年，又遇到自然灾害，食堂里没粮食吃了，从而跨入了"低标准瓜菜代"的岁月。

面对饥饿，人心不安了。

周围村子的浮肿病人在日益增多。社员们对干部的信任程度在降低。

"一天吃一两，饿不着司务长；一天吃一钱，饿不着炊事员……"顺口溜在不少大队风传着。

刘庄的三个队的社员都对各自的食堂提出不少意见。希望能把食堂办得好些，渡过难关。

社员们不约而同地想起一个可信任的人，大家一致要求，把三个食堂合为一个食堂，由史来贺兼任食堂司务长。

人们议论着。

"史来贺行得正，站得直，从没多吃多占过，由他当司务长，谁想沾油水，没门儿！"

"只要史来贺饿不死，咱就饿不死。"

社员把自己的生死命运同史来贺系在一起，也把生死命运托付给了史来贺。

有什么比这种无言的信任，这种心的交流更重要呢！

史来贺流泪了。他接下这副担子，动情地对大家说："感谢全村群众对党支部的信任，对我史来贺的信任，请大家放心，我一定当好司务长，不让一个人多吃多占，不让饿死一个人，带领大伙度过这灾年。"

1960 年 7 月 1 日，史来贺正式兼任司务长。

△ 70年代，史来贺在给刘庄民兵讲军事知识

民以食为天。

作为刘庄的最高"首领"——支部书记，作为掌管全村吃饭问题的最高"长官"——司务长，史来贺把吃饭问题作为头等大事来抓。他不能让他的群众饿肚子。

他把村里的三个食堂合并为一个食堂，统一指挥，他发动群众，抓住季节赶种萝卜、白菜等蔬菜，不让地闲着。

他下达"命令"：任何干部、炊事员和他们的家属不得有一丝一毫的多吃多占，并民主制定了严格的制度，进行管理和监督。

有两个炊事员，趁伙上改善生活的机会，私自藏了一些大米饭，想拿回家，被史来贺发现。责令他们当场交出大米饭，公开承认错误。

铁的纪律、制度，谁也不许违犯。

史来贺对自己的要求，比对别人要"苛刻"得多。别看他是司务长，每次到公社开会，他从来不带干粮，不报销一分钱。中午该吃饭了，其他村的干部都到食堂吃饭去了，他却借故躲起来，一袋接一袋地抽旱烟，以此来转移胃神经对食物的需求。

在"低标准"年代里，刘庄的食堂保证每个人一天吃半斤粮食，四两淀粉和2斤红萝卜。刘庄人吃得饱饱的，精神饱满。

到解散食堂的时候，群众不同意解散，史来贺和干部商量，宣布暂时都各回各家吃饭。

至今，刘庄人还留恋那一段有意义的生活，津津乐道地诉说当年的情景。

"四清"干部

→ "四清"干部

★★★★★

1964 年 10 月，"四清"工作队进驻刘庄。刘庄的"四清"运动拉开了帷幕。

"访贫问苦，扎根串连"——"四清"一开始，干部们无一例外地"靠边站"了，史来贺当然更是主要审查对象。曾经领导社员建设刘庄的干部们好像一下子成了"囚犯"。工作队的人不在干部家吃派饭、住宿；干部不准乱说乱动，有事请假，交代问题随叫随到；社员们谁也不敢与干部说话，干部家有事，社员们不敢去帮忙。

虽然刚进入中秋时节，刘庄的空气却像凝固了一样。

随着运动的开展，一些落后邪气的人当上了"四清""积极分子"，并迅速活跃起来，"背靠背"地向工作队揭发着干部的"种种问题"。

"史来贺用马车往家里拉大米。"

"史来贺高价出售了棉花。"

"大队干部私分布匹！"

……

还有人向工作队进言:"刘庄的'水'深着呢,擒贼先擒王,不把史来贺打倒,刘庄干部的问题就搞不清。"

"积极分子"们鼓唇摇舌所编造的一套谎言,把新来乍到、情况不明的工作队成员耳中脑内灌得满满的,略施小计就使工作队上了圈套,不禁暗中窃笑着看"戏"。工作队开始对"积极分子"——依靠对象,深信不疑,也感到刘庄问题的"严重性":刘庄的"红旗"是假象,是"红旗"掩盖着大问题。

刘庄的水被搅浑了。

一天,工作队把史来贺叫去,让他谈干部的问题。史来贺如实地汇报了情况:三年困难时期,棉花都卖给了国家,干部经常参加劳动,没有多吃多占……

话没说完,就遭到工作队负责人的劈头责问:"你刘庄是在地球上,还是在天空中?"

"在地球上。"

"在地球上,那七里营公社的干部有私分棉花的现象,你们就没有?"

"那你们就深入调查吧!"

"你有没有经济问题?"

史来贺把自己在银行存的几百元钱如数对工作队说了。告诉他们:"那是一家人多年来从嘴里从身上为我父母亲省下来的,70多岁的人了,万一有个好歹,就得用钱啊!"

工作队说:"这次我们工作队不把刘庄的问题搞清楚是不会走的!"

史来贺说："你们住的时间得长些，才会搞得更清楚！"

"从现在起，不叫你，就不要再来了！"

"那生产咋办？"

"我们管！"

史来贺心里头像铅一样沉重。工作队哪能偏听偏信！我们村人心向国家向集体，年年都完成棉花上交任务，连超产棉也是平价卖给了国家，俺们问心无愧啊，可眼下很多农活需要安排，棉花茬小麦还没种上，还要打几眼井，还需修路、挖河……为来年生产做准备。生产哪能耽误？人误地一时，地误人一年，农民就是靠种地吃饭，地里不见粮食，就得饿肚皮。不像你们工作队员拿工资，旱涝保收。

阴历十一月初二这天，云暗风紧，寒气逼人。几百名男女社员被通知到临时会场上开会，说是要批斗史来贺。人们极不情愿地来到会场，怒视着坐在会场一侧的几个"积极分子"，心里诅咒着，思索着这些人下死劲要整倒史来贺的奥秘所在。

忽然，"积极分子"堆里窜出个黑大个儿，吼叫着："我要揭发史来贺，这下可该我出出气啦！"

随着这一吼叫，人们看清楚了。

吼叫者外号叫"抵人牛"，在村上以私心严重、落后邪气、蛮不讲理而出名。卖余粮那阵子，他贪便宜，用水浸泡粮食，坑害国家，史来贺对他进行批评教育；他常和社员吵架，不服干部管理，干活不讲质量……史来贺和干部们又批评过他。谁知这个人对自己的缺点错误不思悔改，反而记恨在心，伺机报复。"四清"一开始，他看到机会来了，便信口雌黄，把一盆盆脏水向史来贺泼来。他一面吼着，还抢掉棉袄，挥着拳头扑上前要打史来贺。

随着"抵人牛"那一声吼叫和那粗野的举动，人们看清楚了他和"积极分子"们的真实面目。群众愤怒了。就在"抵人牛"伸拳要打史来贺的一刹那，只听"唰"的一声，数百名群众忽地站了起来，用躯体迅速筑成了保卫史来贺的人墙。有的群众伸开双臂，紧紧抱住"抵人牛"，让他动弹不得，有的高喊"揍他，揍他！"批斗史来贺的大会变成了对"抵人牛"的指责，工作队手足无措了。

就在这时，只听史来贺喊道："不要打人！请大家冷静。"顿时，会场上平静下来，愤怒的群众慢慢松开了攥紧的拳头，纷纷围着史来贺问候。

大会没开完，工作队就宣布散会了。

这是一堂生动的教育课。只有在这里，工作队从负责人到队员才深深感觉到人心向背。开始反思，调查落实"积极分子"们揭发的"问题"。

一次次反复深入的"四清"调查在进行着。

一个个史来贺和干部们的"罪名"被否定了。

工作队让史来贺开始协助抓生产了。

"积极分子"对工作队的不满情绪达到了前所未有的程度。因为他们以自己的言行毁了自己的"前程"，当官的梦想已经化为乌有。因为工作队在绕了一个大圈子之后，重新回到了群众和干部们一致赞同的轨道上来。工作队员们来到史来贺家中，看到老史家那低矮的房屋、简陋的陈设和破旧的排栅门，禁不住心中涌起不可名状的波澜，掉下了眼泪。

"四清"结束时，史来贺在全公社第一个被宣布为"四清"干部。

刘庄大队在全公社第一个被宣布为"四清队"。

通过民主选举，史来贺继续担任刘庄党支部书记。

但是，运动给刘庄干部们带来的心灵创伤并不是一道"宣布"所能抚平的。李兴德、杨森峰、李安仁、夏治香、刘桂英、刘树业等大队干部的心冷了，他们对这种无情的折腾心有余悸，伤心落泪。不能歇脚啊！史来贺回顾自己的入党誓言，展望刘庄的发展前景，眼望群众那充满信任的目光，热血又升腾起来。他默默地吮舐着自己的伤口，又按照工作队临走时做好干部思想工作的交代，去宽慰和鼓励受到伤害的干部们。史来贺和干部们一道，把泪水咽在肚里，化为动力，一把泥一把汗地带领群众干起来。

工作队离村以后，史来贺召开一次大会，宣布在运动中不管是谁提了批评意见，不管是对他本人的，还是对干部的，绝不能报复。史来贺不计前嫌，带领村干部主动找错整过他们的群众谈心交心，既批评了这些人的错误，又热情地帮助他们，消除隔阂，化消极因素为积极因素。干部群众的思想又统一到一起来了。"四清"运动给刘庄带来的几片阴云被吹散了，大家奔社会主义的劲头鼓得更足了。

→ 学习大寨经验

⭐⭐⭐⭐⭐

读着《人民日报》上刊登的长篇通讯《大寨之路》和社论《用革命精神建设山区的好榜样》，史来贺拍案叫好，心潮澎湃。他被大寨人的事迹感动了："人家大寨是山区呀，取得那么大的成绩，真了不起！"

不久，史来贺和河南省全省劳模一道到大寨参观学习。

站在虎头山上，史来贺惊异于眼前那一层层鳞次栉比的梯田，一块块丰收在望的玉米，更惊异于大寨人的毅力、意志和精神。这是在与大山争斗呀，这山、这沟、这坝、这堰的改造与修筑，所花费的力量、汗水更是常人难以想象的，更是比平原人要付出多得多的辛劳。

史来贺坐不住了。他欣喜，他振奋，他连夜给在家主持工作的副书记杨森峰写信，让他带领刘庄生产队长以上的干部到大寨参观取经，都来感受、学习大寨人这种坚韧不拔的自力更生、艰苦奋斗的精神。

大寨党支部书记陈永贵热情接见了这些风尘仆仆、来自千里之外的刘庄农民兄弟。

在大寨的日子里，史来贺带着干部们参观着、议论着、学习着、对照着，结合刘庄实际学大寨，决心进一步改变刘庄面貌，不断夺取粮棉高产，向国家多做贡献。

接着，史来贺又派出 6 批人员到大寨参观学习——八上大寨取真经，至今被人们传为佳话。

➔ 刘庄"三大战役"

★★★★★

参观学习大赛，振奋了精神，激励了士气。精神和士气，迅速演化为规划措施和具体行动。

在"打井架电，实行井河双灌"的战场上——史来贺带领社员以解决"水"的问题为突破口，打井架电,进一步改变生产条件。为了解决工程用料，他与大伙一道，顶着月光，拉起平车，到 100 多里外的太行山脚下运石子。他们弯腰弓背，拉着 2000 斤重的平车，一步一步艰难地走着，用汗水去铺设金光大道。从 1964 年到 1968 年，刘庄人共打机井 7 眼，修建大小桥涵、闸门、退水坡 7 座，改明渠为暗渠 37 条，总长 13000 米，铺设地下管道 1000 米，架设高低压线路 5500 米。实现了井河双灌，旱能浇,涝能排，旱涝保丰收。

在"发展养猪事业，解决肥料问题"的战场上——史来贺带领全村人克服"养猪不上圈"的陈旧观念，垒起 200 多个新猪圈，又翻新扩建了大队

△ 1982年，刘庄机械厂生产的双音排气喇叭

养猪场，使养猪大发展，肥料源源来。1965 年，刘庄集体和社员家庭养猪达 1250 头，积肥 6000 方，粮食亩产 351.5 公斤，一改过去产棉区吃粮靠统销的状况，生产的粮食自给有余，还能卖余粮。

在"发展多种经营"的战场上——史来贺以发展畜牧业为突破口，从 3 头小奶牛抓起。他们花 90 元钱从新乡买回 3 头小奶牛，牛牵回来时，村上的人谁看了都直摇头，半开玩笑地说："这买的是牛还是羊？可别让老鼠拉走了！"史来贺说："有苗不愁长，没苗哪里想？"他们精心饲养，走自繁自养之路，奶牛、骡马数量在迅速增加。几年之后，就发展为拥有 200 头骡马、250 头高产奶牛的畜牧场。

△ 上世纪90年代的刘庄畜牧业

在设备简陋的小机械厂内，史来贺与工人日夜奋战，正在研制双音排气喇叭。经过三天三夜的苦战，小喇叭终于研制成功。生产量与日俱增，由开始一天1对、5对，到10对、100对，年产3万对。刘庄的"小喇叭"响遍全国各地。机械厂的实力在增强，规模在扩大。机械厂由开始的一盘红炉，发展到拥有几十台机床，能生产"小喇叭"、小型奶粉机、电瓶车、汽车配件等产品的大厂。有了一定的实力，村上又接连建起了冰糕厂、面粉厂等工厂。

"三大战役"打了十来年，打得很艰苦。中间尽管"文革"阻力重重，但终不能阻挡刘庄人前进的步伐。

"动乱"岁月

➡ "不能误生产"

★ ★ ★ ★ ★

　　"文化大革命"像打雷一样，来得迅速而猛烈。

　　当上县委副书记刚刚一年的史来贺还没有来得及深刻认识"文革"的"重大意义"，就被打成了"走资派"、"黑劳模"。刘庄被扣上"生产党"的帽子，说什么"生产党就是错误路线"……

　　史来贺不服气。他想，我一个农民，跟党奔社会主义没二心。省委、地委让我当副书记，抓农业，我尽力干好。要说我工作有缺点，我同意。要说我是"走资派"、"黑劳模"，我不认。

　　没顾及"文革"的旋风，专注于农业生产的史来贺，连续几天一直检查农业生产。他回县准备召开会议，布置治虫工作，谁知看到的是铺天盖地的大字报，接着又被红卫兵抓住游斗起来。

　　得知史来贺在县里挨着批斗，刘庄人不由得感到阵阵心疼，他们不忍眼睁睁地看着老史遭受不白之冤。几个老贫农一合计，决定让马新敬几个贫农社员到县里叫回史来贺。

　　马新敬见到史来贺，抱头痛哭："走吧，咱刘庄的老少爷们儿看到你在这里遭罪，心里难受！咱刘庄也乱了，需要你回去掌舵呀！"

　　马新敬和刘庄人到县里去了好几次，后来，经地委同意，史来贺回到企盼他归来的刘庄。

刘庄也开始乱起来了，外边有人到刘庄串联、煽风点火了，少数人在村里贴起了大字报，观点不同的群众在辩论着，党支部说话也不那么灵了……

史来贺感到了事态的严重性，党支部不能瘫痪，瘫痪了群众就没了主心骨。刘庄不能乱，乱了就要倒退、落后，群众就要受穷！此刻，史来贺好像又来了劲儿，在这块生他养他的故土上，他寻回了汗水与心血浇灌禾苗的快乐，寻回了与老哥们儿促膝畅谈的惬意。

史来贺首先召开党支部大会，统一党员的思想。"我们党员要带头维护刘庄的大局，大局是什么？就是千万不能乱，如果群众分成这派那派，对立起来，就不得了，那将是长期的灾难，再想把群众的劲拧在一起，那就相当困难了。"

"党员和干部要正确对待群众的批评。群众揭发的问题，无论是针对谁的，咱们都要欢迎，有则改之，无则加勉。"

在社员大会上，史来贺推心置腹地对大家说："从合作化到现在，我当了十几年党支部书记，有不少毛病和错误，谁有意见尽管提，我说错的、做错的，可以批评。我都虚心接受，绝不打击报复。但有一条，刘庄绝不能乱，谁乱谁负责。今后，谁对干部有意见，可以当面提。写大字报自己出钱买纸买笔，谁去串联，不记一个工分，一分钱也不报销！耽误了生产可不中！"

话不多，在理儿；声不高，有分量。群众信服史来贺，不拉山头不分派，心拧成一股绳，膘着劲儿搞生产。

有人到刘庄找老史，想让老史"转弯子"，老史说，我已经转过弯子了，这不，已转到了棉花地，还再转什么？史来贺心想：国家要建设，人要吃饭，离开生产不行，俺一心一意搞生产，没错。反正也开除不了我的劳动籍。

"要草还是要苗"的讨论

★★★★★

一波刚平，一波又起。

史来贺带领刘庄人搞自己的生产，本是天经地义的事，可少数钻营政治的人硬是拾起"四人帮"的牙慧，给史来贺和刘庄扣"罪名"，不让刘庄安静。说什么"宁要社会主义的草，不要资本主义的苗""刘庄是唯生产力论的典型""史来贺只抵头拉车，不抬头看路"等等。其盛气凌人之状酷似超级大国高喊着"人权"对弱小国家进行狂轰滥炸。

刘庄人被激怒了。他们不能沉默下去，他们要以生动事实批驳这些谬论。

1976年3月，全村100多名大队、生产队干部和全体党员、团员秘密地集中在村东的苹果园开会，统一干部思想，制定发展规划。

会上，展开了一场"要草与要苗"、"要穷与要富"的大讨论。

史来贺说："共产党领导人民革命的目的是发展生产力，让大家过好日子。好日子天上掉不下来，别人也送不来，只有靠大家干出来，我们要快些发展生产让大家富起来，使大家从内心感到社会主义好，有奔头。如果群众一直过不上幸福生活，那就是咱共产党员没本事。"

"……现在批什么唯生产力论，说我们是唯生产力论的'黑典型'，吼叫着'宁要社会主义的草，不要资本主义的苗'，农民不生产粮食咋吃饭？谁要草，谁空喊路线，就叫谁去吃草、吃路线，咱农民要的是苗，是粮食，咱要发展生产，斩草留苗！"

大讨论进行了三天三夜。

三天三夜的讨论，认准了一个理儿：刘庄集体经济的苗，尽管沐浴在阳光雨露中，但不时要遭风打霜冻、虫害草荒的威胁，必须管好护好，才能开花结果。

种苗，管苗，护苗，是艰辛的，需要付出汗水、心血，甚至苦痛的眼泪。

看看全村人手上的血泡、老茧，用坏的铁锹、钢钎，磨穿的鞋底，200多万方土的惊人数字……你会真正认识如今四大方平展展良田的来之不易。

看看当年那"棉田小屋"，你会想见史来贺那淌满汗水的脸，忍受蚊虫叮咬的苦痛，试验成功的喜悦以及三千个日日夜夜换回刘庄1号、2号优良棉种的珍贵。

从90元钱购买的3头小奶牛，到27匹母马的运回，到200多头高产奶牛、200多匹骡马的畜牧场，你会了解创业和经济发展的艰辛。

刘庄不能止步！

刘庄需要继续发展！

刘庄必须继续发展！

这是刘庄全村人的共同心声。刘庄要为国家做出更多的贡献！

→ 建设新村楼房

★★★★★

1976 年 4 月，小麦扬花。刘庄的新村楼房建设正式破土动工。

这是件牵动全村人心的大事。千百年来，房子问题始终是压在农民身上的大包袱，穷苦农民年年省吃俭用，出力流汗，到头来仍然盖不起像样的房屋。走上集体化道路以后，农民们就把致富的希望寄托在发展集体经济上面。史来贺自打当干部那天起，就把全村群众的愿望刻在心头，永远牢记，现在，尽管集体的实力，还不那么雄厚。但总算有了力量去开始逐步实现农民的心愿了! 他要靠集体的力量逐步解决全村群众的住房问题，让农民体会到共产党领导的好，体会到社会主义集体的优越性。

这件为农民造福的事情，不料又触动了一些人的神经。他们开始吹冷风了:"建新村不就是修'安乐窝'吗? 修安乐窝就是变修! "

史来贺不理睬他们那一套，坚持建新村楼房和发展工业同步进行。

当地驻军和县直机关听说刘庄要建新村，纷纷伸出援助的手。解放军要派官兵到刘庄帮助搞建设，县直不少单位提出从人力上给予支援。对这些，史来贺表示由衷的感谢，但又婉言谢绝了。史来贺坚持一不向国家伸手，二不靠外人支援，三不向群众摊派，要刘庄人依靠集体力量、自己的双手、意志、心血和汗水，自力更生，建设家园，描绘刘庄的美好前景。

改造旧农舍，建设新农村，要把全村200多户的旧房全部拆掉，盖上1000多间单面向阳的双层楼房，确实不容易。当时木料缺乏，又缺少技术人员，一部分干部存在着畏难情绪。面对重重困难，史来贺坚定而有信心地对大家说："世上无难事，只怕有心人。只要咱干部带头，齐心协力，啥困难都难不倒咱！"

建新村时，集体的木料不够用。那时，史来贺家中有几棵大榆村和一些杂树。外地一个收购树木的人，看中了这些树木，情愿出4000多元把树买下，托人找史来贺商量，史来贺告诉他："这树不卖！"那人以为史来贺嫌钱少，又托人去说："愿意再添点钱。"史来贺笑了，说："钱再多也不卖，这树有大用处呢！"后来，老伴要留一棵给将要出嫁的大女儿做嫁妆，他劝老伴："现在盖房正需要木料，咱当干部的要给群众做好样子。"新村建设一动工，他第一个将自家的树低价交给了集体。在他的带动下，干部群众纷纷将自己家里的树木交给集体，村上对这些树木进行了合理作价。建新村楼房的木料解决了。

村里只有两个"半把手"泥瓦匠，根本不能适应建新村的需要，史来贺就派出两名社员到新乡市一家建筑公司去替人家干活，从那里换回来一名瓦工师傅，让他教技术培训人。

那时候，又要建新村，又要搞农业生产，劳动力紧张。史来贺妥善安排劳动力，一面搞生产，一面搞建设。村里从三年级以上的学生到烧火做饭的老人，男女老少都上了建房工地，天天晚上加班盖房到半夜。在这节骨眼上，多亏了女社员们！女党员史世兰、杨东枝带头掂起瓦刀，登上脚手架，向瓦工师傅学垒墙，带出了近百名女瓦工。

新事业造就新人才。刘庄妇女们那灵巧的双手，是描绘广阔田野、建造高楼大厦的手，是开拓新的事业的手。你看吧，在那高高的脚手架上，从这一双双灵巧的手中，飞出了人们对新村建设的憧憬。

　　建房工程进展顺利。工地上热气腾腾，抬的抬，搬的搬，垒的垒，好不热闹。一天下午，史来贺正一块接一块地往脚手架上撂砖。突然，他双手紧抱胸口，倒在地上，人事不知。

　　看到史来贺突然倒下，人们忽地一下围拢过来。只见史来贺的脸，变成了紫铜色。鼓起的青色血管，在两边的太阳穴上跳个不停。黄豆大的汗珠，从额头上的皱纹里沁出来，沿着两腮淌到了下巴尖。大队副主任刘树业吓得面如土色，抱着昏迷的史来贺又哭又叫：

△ 上世纪70年代刘庄村民在建设第一代新村

"老史，老史呀……"

一会儿，史来贺慢慢睁开了眼睛，见人们正围着自己哭，费了老大劲，从刘树业怀里挣扎着坐起来：

"噫！你们不干活，围着我，哭啥？刚才，胸口有点不对劲，摔倒了，歇歇就没事了。快，快干活去！"

谁也不肯离去。

"老史，你不心疼自己的身体，社员们心疼啊！"

"刘庄致富的路还很长，还需要你领头，你得保重啊！"

这个流着泪，那个在哭泣，一个劲苦劝。

原来，史来贺成年累月地操劳，一年前就感到前胸闷气、沉重，常有隐痛。这是心脏病的前兆。可他是个"一干起活来不惜身，工作起来不要命"的人。看到刘庄工业才起步，新村刚兴建，事事处处都离不开他，社员劝，家人催，他就是不肯去医院查查。照样白天一身汗一身泥地干，晚上研究生产到深夜。有时，实在疼得受不住了，就用手压住胸口，咬咬牙挺过去。今天，终于挺不住，心脏病突发，猝然倒下了。

大伙看史来贺仍然坚持不去医院，看了急。纷纷说：史书记，你都病成这样了，还不住院，咱这新村也甭建了！……史来贺看看人们激动的脸，方才点头同意到医院接受治疗。

村上的第一批新房落成后，干部、群众纷纷找到老史，再三要求他搬进新居，他说啥也不肯。女社员段继梅家中没男孩，带着几个女儿度日，生活困难，家中的房子被拆掉了，什么时候能住上新房，她心中没底儿，谁知分房时，她居然在第一批分房之列，真使她感动得泪水纵横。

一幢幢楼房拔地而起，一批批社员搬进了新居，史来贺仍然住在他那50年代的旧房子里。

有一次，大家趁史来贺外出开会，把一套八间的楼房分给他家。史来贺回来后大发脾气，立刻把房子退了回去，他说："大伙的心意我领了，只要咱刘庄还有一家没搬进新房，我就不搬新房。"

直到六年以后，史来贺才和最后一批群众一起搬进了和群众一样的新居。

➜ 造纸厂试车

★★★★★

刘庄决定建一个造纸厂，充分利用本地丰富的麦草资源，进行加工增值。

要是在现在，建一个小小的造纸厂，可以说是轻而易举的事情。但在 30 多年前的 1976 年，在有了一定公共积累但并不十分雄厚的刘庄，要建造纸厂和新村楼房，就好像一个人负重登山那样艰难。

困难难不倒史来贺。

没技术，请人教，派人学。

资金少，紧着用，少花钱，多办事。

一辆东风三轮车，那是当时村上唯一的最现代化的交通工具。史来贺和纸厂的干部、技术人员坐着它，跑辉县，跑焦作，买设备……那时好像并没有顾及到东风车的颠簸，没有顾及到落得满脸满身的尘土，每当设备购到手拉回来，心头总是感到一阵轻松愉快。而每克服一重困难，每感受一次愉快，也就意味着向工程完成更接近了一步。

厂房建起来了——靠自己的双手建起来。

厂房机器安装好了——靠自己的双手安机器。

送走 33 个奋战不息的日日夜夜，终于迎来了试车的日子。史来贺的心情并不轻松，因为试车，是对苦涩汗水的考验和鉴定。纸车能否正常运转，纸张能否顺利飞出，工人能否照章操作，能否安全生产不出事故，他心中没底啊，他需要眼看着技术员把机器的每个部位再检查一遍，他需要考虑每一个细节。

不料，就在这关键时刻，女儿流着泪慌张地跑来，说话上气不接下气："爸，奶奶病危了……快回……家……"

人们一听说，迅速围拢过来。

△ 1990年，刘庄造纸厂生产的瓦楞纸

"史书记，快回去吧……"

"史书记，回去吧，我们保证……"

史来贺沉默片刻，似在做一项重要决定。他对大家说："开始试车吧，俺娘有俺姐和孩他妈照料……"

轰轰的机器转起来，金黄的纸张飞出来。

史来贺和大伙的泪水流下来了，这是无比欣喜的泪水啊。

史来贺不能在这成功的欣喜中沉浸。他迅速跨出屋门，向自己家中飞奔。他挂念着卧病在床的老母亲。

此时的家，一片巨大的悲哀向他袭来。

老母亲静静地躺在那里，合上了双眼，他跪倒在母亲身边，失声痛哭。

他感到心中一片空白。

他不能相信，娘会这样匆匆地离去。娘啊，您为啥不等你的儿子回来！

他不能相信，娘就这样走了，就这样，再看不到娘的微笑，听不到娘的声音？他无法接受这样的事实啊。

史来贺是村里有名的孝子。他知道娘解放前受尽了苦，如今，生活一天天好起来了，娘却突然去了。娘患病时，自己照料的时间太少了。娘到最后的时刻，自己也没在跟前……他感到愧疚啊！

史来贺永远记得，娘一生最热心帮人，东家粮食接不住，她将自家的面粉送去，西家的孩子发烧了，她帮着前去请医生……娘病时，他在娘身旁陪一会儿。娘总说，我的病有家里人管我，村上的事要紧，你要把村上的事情办好……史来贺感到既难过又宽慰。娘啊，您放心吧，您的儿子，定会领着大伙干好，叫全村人越来越富裕。

改革发展

➔ "分"还是"不分"

★★★★★

党的重大决策，关系着中国的前途和命运。

党的十一届三中全会关于工作中心转移的决策，拨正了我国前进和发展的方向，为之注入了新的希望和力量。

农村改革走在了最前列。

春风暖人心，思想得解放。禁锢人们思想的闸门被打开。一江春水向东流，汹涌澎湃，春潮滚滚。

农民在大胆探索着，勇敢追求着。

农民也在探索中选择着、前进着。"小段包工"、"五定一奖联产到劳"、"包产到户"……各种形式的责任制如雨后春笋，多姿多彩。

但是，在思想解放的热流中，有鲜艳的浪花，也有回转的旋流。思想解放在急速曲折地行进着。

改革之初，人们对"包产"二字讳莫如深。稍有"出格"的苗头，就会被视为超越了界限，或予以限制，或侧目视之。

随着改革的不断深入，思想的进一步解放，"包产到户"的新芽首先在贫穷地区生根、开花、结果，并迅速在更大的范围实行。人们的观念发生了重大转变，"包产到户"已成为主要的生产责任制形式。这时，有的人认为：不搞"包产到户"就是不执行三中全会路线，有的地方要求全面推行"包产到户"。

刘庄该实行哪种责任制形式？这是刘庄干部群众关注的焦点。周围村庄的干部群众眼光都在看着刘庄怎么办。

外界开始有人传言：史来贺不搞大包干，要调出刘庄哩！

也有领导同志来到刘庄，做史来贺的思想工作："老史，干脆也把地分了吧！"

"分"还是"不分"，虽然只是一字之差，可不是轻而易举的事情。它包括着深刻的内涵，关系着刘庄人生产、生活、前进、发展、富裕等等一系列极为复杂、极为广泛的问题。史来贺不能贸然决定，他需要冷静地思索、分析和研究。

中央文件上，划满了重重叠叠的蓝道红杠。

这一道道重点标志，刻印了刘庄人入心入脑的深刻理解，也描摹出史来贺一次次凝重的思考。

什么叫"多种不同形式"？

什么叫"因地制宜"？

什么叫"一刀切"？

什么叫"实事求是"？

……

随着学习的深入，史来贺和刘庄农民的思路清晰了，不同形式，就是不止一种形式，这个"不同形式""因地制宜"地在刘庄实行，就是发展集体经济，走集体致富的道路。

史来贺和刘庄农民的思想明朗了：实行家庭联产承包责任制，是执行三中全会路线；发展集体经济实行集体专业联产承包责任制，同样是执行三中全会路线！

史来贺从对农民的广泛询问中进一步得到证实：同意集体专业联产承包责任制！

史来贺从认真分析刘庄的特点中得到了证实：适合实行集体专业联

产承包责任制!

刘庄从本村实际出发,成立农工商总公司,下设农业、园林、畜牧、工副、商业、农机、建筑7个专业、36个生产经营承包单位,实行"综合经营,专业生产,分级管理,奖罚联产"集体专业联产承包责任制。这种新的模式,兼容了家庭联产承包责任制的优点,革除了生产上某些方面的"大呼隆"和分配上的平均主义弊端,充分调动了全村群众的生产积极性。

刘庄各业生产在快速、健康发展。

刘庄在河南省第一个跨入"小康"行列,成为"中原首富"。

一位美国女记者慕名到刘庄先后进行了四次采访,亲眼看到刘庄物质文明和精神文明的巨大成绩。离开刘庄的时候,用中国字写上了留言:"刘庄就像我自己的家乡一样,它的胜利就是我的胜利,也是世界社会主义的胜利!"并激动地说:"看到刘庄,就看到中国社会主义的好,共产党领导的好!"

→ 高科技企业——华星药厂

★★★★★

思想解放的春风吹醒僵冻的土地,播撒下希望的种子;市场经济的大潮冲击着激荡的心扉,吹响了进军的号角。贫穷不是社会主义,发展才是硬道理，这一至理名言，已经成为亿万人民的共识。人们把握机遇，开拓进取，搏击风浪，争做勇立"潮头"的弄潮儿。

史来贺沉思着，他在咀嚼着一个新体会：经济要快速发展，思想要再解放，观念要再更新，要彻底冲破小农经济的束缚，瞄准高技术产业，建立大规模企业，开拓外向型经济。让刘庄这艘舰艇，在市场经济的海洋中，劈波斩浪，勇往直前。

他在思考刘庄上什么新项目更能推进全村经济发展。

对于办企业，上项目，他历来采取审慎的态度，从不草率和马虎。对情况不明的项目，宁可多了解、多考虑、多研究。看不准的事只管看，看准了才能干。领导生产与打仗有很多相通之处，需要运筹帷幄，决胜千里，有勇有谋，知己知彼，当机立断，指挥若定。但又不同于有的战术，"打得赢就打，打不赢就走"这样不行，村办企业没有退路，必须打赢，必须"不打无准备之仗，不打无把握之仗"。

独特的见解孕育着明智的行动。

有信息说：办糖厂赚钱，市场看好，效益可观——经过论证，否决了。

有信息说：办冰淇淋厂，投资少，效益高——经过考察，又否决了。

有信息说：建纤维板厂，原料充足，市场紧俏——经调查，认为可行。准备上马，又经考察，觉得销售难度较大，于是又被否决了。

……

有人心里开始着急了，感到选项目不能畏首畏尾。史来贺却十分冷静地说："打仗，情况弄不明，会全军覆没；建工厂，不见效益，机器成了一堆废铁，那时候，哭天抹泪不说，更没法向全村老少交代啊！"

正在这时，一位在本县药厂工作的年轻人来找史来贺，说建个生产肌苷的药厂准行，因为肌苷是治肝炎的好药，需要量大，咱们国家每年还要从国外进口不少。生产肌苷是生物工程。

好像是心灵的感应，史来贺听完，顿时兴奋起来。

先从考察、论证入手。史来贺和技术人员到广州、上海、北京、天津、无锡等地，找大学教授，找专家进行咨询、论证，了解市场信息……

回来后，史来贺立即召开党委扩大会议，经过研究讨论，一项关系刘庄经济发展的决定，一个鼓舞人心的消息，迅速在全村传开了。刘庄要建一座高科技生物工程的华星药厂了。这是一项凝聚全村人心血和汗水，又令全村人牵肠挂肚的大工程啊！

泥腿子搞生物工程，到底中不中？有人担心"打不到狐狸惹一身骚"，问老史："这高、精、尖项目，咱能搞成？"

史来贺满怀信心地对大家说："创大业，做大难；创小业，做小难；不创业，穷做难。事在人为，路在人走，业在人创，人家能干成，咱也干得成！"史来贺带领全村人要闯闯这道难关，干干老几辈人没有干过的事业。

资金问题，史来贺打算靠集体筹资和群众集资，他心中有数。对技术人员特别是工程设计人员，心里还没有底儿。他招来正在大学学习的儿子史世领，又通知史世会、王智义、王连忠等几名青年到办公室开会，问他们敢不敢承担这项任务。让他们谈谈想法，一时间，大家屏住了呼吸，没有人说话。几名青年确确实实感受到了任务的分量。

过了一会儿，史世领轻声答道："估计差不多。"

史来贺紧锁的眉头舒展开了。他了解自己儿子的性格，他所说的"差不多"，就是"有信心干好"的代名词。但史来贺还是做了进一步郑重其事地询问："差不多可不行，要有绝对的把握！"

史世领更是言简意赅，只两个字："能行！"

于是，药厂的设计、建设和培训技术人员的任务就顺理成章地落在了史世领一班年轻人肩上。

史世领经过几天的外出考察，便开始埋头于工程设计；王智义、史世会则带领几十名青年分赴无锡、天津的厂家学习。

一个多月以后，一整套设计图纸绘制出来了，药厂正式动工兴建了。

十个月以后，药厂从工程土建到设备安装，到机器试运行，全面完成了。

1986年5月20日，刘庄华星药厂投入正式生产。但是，药厂，特别是生物工程的药厂不同于一般的工业生产，微生物发酵，容不得其他杂菌侵染，染菌率超过一定程度，就等于报废，就得把整罐的培养基全部倒掉。倒罐造成的损失很大。

染菌问题成了华星药厂投产以后的第一大难关。

这时，史来贺正在北京参加全国人大常委会会议。身在北京，心连药厂，每天都要往村里打电话，每天收到的消息不是制伏染菌的喜报，而是面对染菌的焦急。从电话声里，史来贺仿佛看到了工人们熬红的双眼，听到了工人们焦躁的哭泣……

△ 1986年建成时的华星药厂

此时的刘庄，染菌成了全村人关注的焦点，人们三五成群地低声议论着，这议论，有担心，有不安，也有埋怨，有的说："这次办药厂，弄不好要砸锅了。"有的说："当初办药厂，我就说不中，你看……"也有不少群众站出来说公道话，给药厂的工人们鼓劲。

有一位村民，性情耿直，只要他认准的事儿，就要干到底，十匹马也甭想拉他回头，他静静地听着一些人的埋怨和牢骚，火冒三丈。但是没有发火，而是用铿锵有力的声音说道："叫我看，咱们的药厂准能办好、办红火，大家可以想想，凡是老史带头干的事，哪一件都对大伙有利，又有哪一件没干好？听老史的，没错！"

史来贺开会回来，先进药厂。工人们围拢过来，有的眼泪汪汪，有的咧嘴大哭。他们为不能制伏染菌感到又急又惭愧，急的是想早日试产成功，惭愧是浪费了钱。史来贺拍着他们的肩头，为他们擦干泪水，安慰道："上学得交学费，倒罐，就等于交了学费。不要紧，交了学费，学了技术，我们才能成功！"史来贺又安排为工人改善生活，让大家吃好休息好。

工人们破涕为笑了，心情稳定了，精神振奋了。

史来贺面前无困难。

在困难面前，史来贺有着勇往直前的力量，他可以几天几夜不睡觉毫无倦意，依然精神抖擞，思想敏捷，热情奔放。

史来贺与技术人员一起加班加点，研究分析，想方设法，从菌种、设备，到工人操作及外界空气等一项一项地、一个部位一个部位地进行严格的检查和反复试验，终于找到了原因。于是，立即组织工人对空气净化系统和发酵罐的管道、阀门进行改造和更新，建立一套比较完善的监测手段，染菌被制伏了，并研究出了防治染菌的新方法。

华星药厂闻名全国了。

→ "不平等合同"

★★★★★

　　史来贺的眼界越来越开阔，作为农民企业家的胆略气魄越来越大。他对高科技情有独钟，一发而不可收。药厂的投入不断增加，设备不断更新，规模不断扩大，他看到国内生产成品药的医药企业多，生产原料药的厂家少，决定抢抓机遇，上一条年产1000吨的青霉素工业盐生产线。

　　不料，这一想法遭到不少干部、群众的反对。认为能生产肌苷，该知足了，再投资几千万元，实在是风险太大。史来贺多次做思想工作，大伙的弯子还是转不过来。市场不等人，情急之下，史来贺想出了一个"绝招"，与村民签订合同，让大伙吃"定心丸"。他与全村300多户人家，每户签了一份合同，上面白纸黑字写着：史来贺个人，以向集体贷款、向农户借款的形式，筹集资金办厂。赚了，工厂和全部收入归集体所有；赔了，损失由史来贺个人承担。为了刘庄经济再上一个大台阶，史来贺以非凡的勇气和信心，签下了这样一份"不平等合同"，将巨大的风险担在自己身上。

　　合同签订后，史来贺抓紧筹款，进原材料，组织施工。工程如期竣工、投产，当年产值达6000多万元。工厂盈利了。史来贺随即将扩建后的新厂，连同几百万元的盈利，全部交给了集体。从此，华星药厂进一步加快发展步伐，年年都上新台阶。到2002年，该厂实现年产肌苷500吨，是国内最大的肌苷生产厂家之一；年产青霉素原料药5000吨，产量居全国第三，出口创汇居全国第一。华星药厂年产值占到刘庄年总产值的80%，是名副其实的高科技外向型企业。

这一年，刘庄固定资产已达近10亿元，总产值达8.8亿元，缴纳国家税金4500多万元，人均纳税2.8万元，人均年收入7500元，加上集体20多项福利补贴，年总收入已达1万元以上，户均存款20万元以上。

刘庄建成高科技制药厂，标志着全村人的素质提高到了一个新的水平，标志着企业由劳动密集型转向技术密集型，产品由农副产品粗加工为主转向高、精、尖技术为主。刘庄步入了以农业为基础，以高技术医药工业为龙头带动各业发展的轨道，走上了农业现代化、农村工业化、生活城市化、农民知识化的发展道路。

刘庄农民，真正从昔日"面朝黄土背朝天"的繁重体力劳动中解放了出来。村上的车队，光汽车、拖拉机、收割机、播种机等就有100多台，你看吧，一到收获或播种季节，农业机械一齐出动，三天时间就能把1000多亩小麦收获、入库，并把玉米播种上，浇地的时候，四天就能把全村的地普浇一遍。98%的劳力都在工厂上班，管农业的只有19个人。各业生产分工明确，农忙时候，工人照常上班，商店照常营业，各行各业高效有序，有条不紊。

刘庄的农民，心情舒畅，安居乐业。

一方"净土"

★★★★★

人们赞扬刘庄这个"小社会"人心稳定，社会安定。

人们赞扬刘庄是一方"净土"。

史来贺常说："经济搞上去了，思想政治工作也要搞上去。既要把群众带到富路上，又要把群众带到正路上。把人教育好，比啥都重要。"几十年来，他总是一手抓发展经济，一手抓思想政治工作。

史来贺看物质文明和精神文明，有着自己的理解和比喻。他把两个文明视为一个整体，比作鸟的两只翅膀，缺一不可，不管缺了哪一个，鸟都会失去平衡，就不能振翅飞翔。所以必须坚持两个文明一起抓，两手抓，两手硬。

早在 50 年代，在开始改变穷刘庄的时候，史来贺就十分重视思想政治工作。他把思想政治工作与经济工作一道去做，细致耐心，不急不躁，逐步化解前进道路上的思想迷雾，让目光瞄准光明的目标前进。

面对新时期社会主义市场经济的新形势，史来贺更是毫不懈怠地坚持精神文明建设，下功夫搞好思想政治工作，思想道德建设，发展教育科技文化，提高职工村民的整体素质。

他坚持用毛泽东思想、邓小平理论教育人，教育职工村民树立正确的人生观、价值观，不断提高群众的爱党、爱国、爱社会主义、爱集体的思想觉悟，坚定不移地跟党走中国特色的社会主义道路；进行形势、国情、村情、普法等教育，教育大家胸怀远大目标，干好本职工作，遵守职业道德，投身四化建设；民主制定《村规民约》、《厂规厂纪》，引导大家遵纪守法，勤劳致富；抵制歪风邪气，树立新的风尚，职工村民结婚做到新事新办；丧事，不披麻戴孝，不吹响器，不搞封建迷信活动，不大操大办。还开展创先争优活动，评选优秀党员、团员、干部和文明职工、文明村民、文明家庭，使大家学有榜样，赶有目标。

生动活泼的文化活动，丰富着刘庄人的精神生活，村里成立的篮球队、武术队、演唱队，每逢节假日开展的体育比赛、智力竞赛，有组织地参观先进单位，浏览名胜古迹，使职工村民消除了疲劳，陶冶了情操，焕发了精神。对环境长年坚持不断的绿化、美化和净化，使路面清洁，院落干净，环境优美。

在刘庄，尊重知识、尊重人才的气氛十分浓烈。村里为学校建起教学大楼、教师办公楼和实验大楼，普及高中义务教育，为公办教师上浮四级工资；还引进人才，培养人才，聘请30多名专家担任企业的顾问，选派职工到大专院校、科研单位进修学习，与大专院校联办大、中专班，建立电视差转台、地面卫星接收站、图书室，为青年人学习科学技术创造良好的条件。村里130多人大、中专毕业，160多人获得高、中级和一、二级技术员职称。他们在各自的岗位上发挥着重要作用。

几十年来，刘庄党委带领全村职工村民切实加强精神文明建设，使大家的思想水平不断提高，更加适应新的形势。

刘庄人凝聚着一个信念：不信鬼神不信邪，一心信仰共产党，信仰社会主义。

刘庄人认准着一个思路：发展集体经济，实现共同富裕。

刘庄人遵守着一个信条：勤劳致富，合法经营，照章纳税，遵纪守法，不搞歪门邪道。人人争做有理想、有道德、有文化、有纪律的"四有"新人。

30多年来，村里没有刑事案件、赌博和封建迷信现象。

全新的思想境界，全新的精神风貌。刘庄已成为欣欣向荣的现代化社会主义新农村的象征。

誓"刨地球"

一"调"史来贺

★★★★★

共和国诞生之初，百废待举，百业待兴。各级党政部门，各个岗位，都要选拔大量的人才，去领导、去管理。而这些领导、管理人才，除了从战火中走过来的年轻"老革命"，就是从基层选拔有能力的年轻人。

史来贺是出了名的"民兵英雄"，聪明，能干，有魅力，凡是到刘庄来检查、指导过工作的区、县以上领导，都对他格外垂青，纷纷当伯乐，举荐这匹"千里马"。

1953 年 7 月的一天晚上，新乡县四区区委书记史广礼奉县委之命，来到刘庄，找史来贺谈话，要调他到区里当国家干部。

史来贺想：自己是个党员，一切交给党安排，下级服从上级，党叫干啥就干啥，这是一个党员的党性原则。可是，自己入党时，就立过誓言，要让刘庄的父老乡亲，都有衣穿，有饭吃，有房子住，都过上好日子。如今，刘庄往好日子上奔，刚迈步，一切都刚刚开了个头，离"好日子"的目标还远着哩。如果自己到外边去当国家干部了，不管刘庄的事了，那哪儿行呀！当然，调我去当国家干部，是党的工作需要，这我承认。但话又说回来，难道自己留在刘庄，带领几百户人去挣好日子，就不算是党的需要吗? 我们国家有这么多共产党员，分布在各个地方、各个村子，如果每个共产党员都能带着群众，把自己脚下的那块地球建设好，一块一块连缀起来，整个国家不就繁荣昌盛了吗? 中国人民不就共同地过上好日子了吗?

想来想去，史来贺下定决心，说什么也坚决不离开刘庄。他对区委书记说道:

"从我本人的角度讲，到区里当国家干部，是比在村里啃土坷垃强得多，生活上也会好不少，出外也显得风光。就是亲戚六眷也跟着沾光，不说利益上能沾多少光，至少可以在别人面前多一份自豪感，说我的什么亲戚，在区里当干部哩。时下的乡下人，对国家干部迷信着哩。可现实的刘庄，干部少，力量弱，我走了，真放不下心。并不是说'死了张屠户，就吃混毛猪'，离了谁地球也照样转。但至少眼下，我走了，刘庄的工作要受影响。我总是在想，我是刘庄人，把脚下的这块地球修好了，不也算没白当个共产党员吗? 不也照样是对国家有贡献吗? 干吗非要离开刘庄，到外边去当什么国家干部呢? "

听说区委书记前来督促"起驾"，史来贺也都没同意，铁了心要留在刘庄，和大伙一块啃土坷垃，全村人都高兴。"主心骨没动，咱们刘庄有希望! "

可也有人从史来贺个人和家庭的角度想，为他惋惜。他的邻居赵修身就试探地问过他:

"来贺，人家三请四促，要你去当国家干部，为什么不去呀? 要是去当了干部，吃皇粮，拿工资，一家生活，不比在刘庄砸土坷垃好得多啊! "

史来贺想都没想，就回答说:"修身，咱两家户挨户住着，一起住了这么些年，我的心思，你还不知道哇? 至于个人生活、社会地位如何，我这人看得很淡。刘庄搞好了，全村人都富了，我一家人的日子自然也就好了、富了。我富得也才顺气、美气! "

二 "调" 史来贺

★★★★★

1957 年，史来贺带领他领导的刘庄高级社，大力发展棉花生产，亩产皮棉由过去 15 斤左右，一下子来了个大飞跃，千亩棉田，大面积丰收，创造了全国棉田大面积高产纪录，成为全国劳动模范，在北京受到周总理亲切接见。周总理还握着他的手亲切嘱托，要他 "高产再高产，给全国树立个榜样"。

这下子，史来贺名扬全国，更成了中原大地的 "名人"。地委决定，让史来贺去当地区农业局长。

他刚从北京开会回来，新乡地区领导就找到刘庄做史来贺的工作来了。

"组织上让你到地区去当农业局长，组织上的命令早已下了两个月了，为了让你在北京安安心心地开好会，才没有事先通知你。这是你两个月的工资。"

"这不中。工资我不要，你们原封不动地拿回去，这个局长我不当。"

"为什么不当？人家好几个县长，都想从县里调地区去当局长，还轮不上呢。你从村支书破格提拔到地区当局长，这个格，破得够大了，该满意了！"

"我不是对局长的位置不满意。到地区当局长，我做梦都没有想过。我是舍不得离开刘庄，离不开还没有摆脱贫穷的父老乡亲。我在北京开会时，周总理拉着我的手，嘱托我要让棉花高产再高产，为全国树立个榜样。我要去当局长了，就没法继续搞棉花生产试验田。我请求领导另选他人当局长，还是让我在刘庄继续完成总理的嘱托吧！"

这位领导回去后，将史来贺的想法如实进行了汇报。地委同意史来贺继续留在刘庄创棉花高产新纪录。

此后，史来贺在刘庄过了七八年"平平静静"、没人来"逼"他出去当官的日子。他在棉花试验田里，一蹲就是八个风雨春秋，千亩棉田，亩产皮棉由1957年的111.5斤，速增到130斤、145斤，1965年达到160斤。

当时，全国皮棉平均亩产是60斤。

刘庄的皮棉亩产，是全国平均亩产的将近3倍。史来贺没有辜负周总理要他"高产再高产"，"为全国树立一个榜样"的嘱托。在这期间，史来贺又参加了全国劳模代表大会，赴京参加了建国十周年国庆观礼，1960年，还参加了全国民兵英雄代表大会，中央军委奖励给他一支步枪做纪念。毛主席在接见他时，听有关人员介绍过史来贺的情况后，握着他的手说："你这个民兵英雄，了不起！"

⊙→ 三"调"史来贺

★★★★★

1965年，在林县召开的河南省三级干部会议上，河南省委书记点将，举荐史来贺任县委副书记。此后不久，新乡地委组织部胡部长来到刘庄，在棉花试验田里找到史来贺，向史来贺传达地委的决定。

胡部长办事认真，来了两次刘庄都没能"调"出史来贺的他，第三次来到刘庄。史来贺正想着如何婉言谢绝，可当他得知地委同意他仍然担任刘庄党支部书记时，便爽快地答应了下来。

史来贺换了一条白生生的羊肚子毛巾裹在头上，挟着铺盖卷，登上了吉普车。

史来贺是分管农业的县委副书记，他不坐小车，整天蹬着自行车在田间转悠，与农民、干部一起商量，开会安排农业生产的事；棉花如何治虫、管理；小麦种植应注意的关键性问题等等。同时，兼顾刘庄的工作，生活紧张而充实。

可是不久，"文化大革命"开始，他被打成了"走资派"。工作没办法开展，整天挨批斗。刘庄群众请求，经县委同意，史来贺又回到了他日思夜想的刘庄。

➜ 四"调"史来贺

★★★★★

不当"县令"之后的史来贺，无官一身轻，又没白没黑地扑在了棉田里。有人戏称他是"种棉花的落魄县令"。

他猛攻种子关，历经数年，终于培育出了"刘庄

1 号"、"刘庄 2 号"棉种。新棉种抗病，优质，高产，到了 20 世纪 70 年代后期，刘庄皮棉达到亩产 200 斤，超过当时全国皮棉亩产的 3 倍。

刘庄因棉花高产，再次名扬中原，名扬神州。

1977 年，在新乡地委的一次会议上，地委第一书记王九书提出建议：

"史来贺前些年曾当过新乡县委副书记，分管农业，抓得很不错。把他提拔到地委的领导岗位上来抓农业，准行！"

"他这人，历来心在农村，情寄农民，弄到地区来抓农业，再恰当不过了！"

"他到地委来工作，荣誉、声望、政绩、资历，都够格！"

新乡地委建议：提拔史来贺到地委领导岗位上抓农业。

△ 70年代，史来贺在观看丰收的棉花

　　新乡地委的报告，与省委的意向不谋而合。任命史来贺当新乡地委书记的任命书，河南省委很快就下达了。

　　这天，新乡地委第一书记王九书来到刘庄，告诉史来贺省委的任命，并催促他抓紧时间走马上任。

　　史来贺诚恳地对王书记说："王书记，你对我知根知底，知面知心。这地委书记，我还是不去当为好。你看吧，刘庄的发展，正处在艰难的关键时刻。'四人帮'粉碎了，刘庄人正准备甩开膀子大干，让刘庄经济大上。工、副业要扩大，缺技术、缺人才。新村建设刚开头，缺资金。我一走，势必引起人心浮动，刘庄的发展还能不受影响？我也当过两三年县委副书记，那机关大院的滋味不中受，怎么都不如在刘庄，和老少爷们儿在一起刨地球，出力流汗，锤炼筋骨舒坦。我这辈子最上瘾、最痛快的事，是夏秋的大雨天，只穿个裤头、背心，在野外的大雨里跑，那真叫痛快呀！当了地委书记，下大雨了，我还能在地委机关大院里跑吗？所以呀，于公于私，我都不愿去当这地委书记。"

地委书记，在过去相当于州官。在现在是"高干"。可史来贺却毫不动心。他向王九书掏了压心窝子的话："我是农业劳动模范，那就应该一辈子不离开土地，才对得起这个称号。到高楼深院去当官，还叫啥劳模？不把刘庄的'穷'字抠掉，我去上面当官，有啥意思？"

这番话，王九书听了，心有所动。他思考着如何解决史来贺任职的两全其美的办法。他拍着史来贺的肩膀，深情地说："刘庄的发展，日子长着哩。老史，悠着点儿，身子骨要紧！"

几天后，新乡地委重新研究，定了个折中方案：史来贺任地委书记，但可以不离开刘庄。

新乡地委副书记刘福瑞找到史来贺，传达了地委的新决定。史来贺一听"不离开刘庄"，马上爽快回答道：

"中！反正我人又不离开刘庄，误不了刘庄老百姓的事。"

△ 1978年，史来贺出席中国棉花学会成立暨学术报告大会留影。前排右起第19位是史来贺

△ 80年代初巴勒斯坦专家在刘庄考察

"知道刘庄百姓是你的命根子，地委才做出新决定，不让你离开刘庄。今后，我们把文件送到刘庄来，你到时候去地委开开会就行。组织上给你配个秘书，再配辆新'上海'。"配秘书和配小车，都被史来贺婉言谢绝了。

从此，史来贺就坐上了新乡地委书记的"交椅"。当时，上边还有地委第一书记、第二书记。史来贺的"交椅"不是安放在地委机关大院里，而是安放在刘庄的办公室里。上边发来了地级领导传阅的文件，送到刘庄来。地委有重要会议，或者要开地委全会，他搭个公共汽车，或骑个自行车去参加。开完会从不住下，当天就回刘庄。

一年365天，身为地委书记的史来贺，除了外出开会，天天都吃住在刘庄。他是地委书记，更是刘庄党支部书记，还是农民。每天一大早就围个毛巾，扛着农具下地，领着刘庄农民刨地球，越刨越带劲。

就这样，"州官刨地球"，一时传遍全国，成为佳话。

人民代表

→ 建言献策

★★★★★

　　在史来贺三十多年的全国人大代表历程中，他严格履行着人民代表应尽的职责，出色完成了人大代表的神圣使命。他常想：自己虽然只是一个农民，但既然当了全国人大代表，就不能只顶着头衔，占着个位子，开会见面握手，听了报告拍手，通过决议举手。得在全国人大常委会里做好人民，特别是广大农民的代言人。他给自己定了"两句话准则"：敢于代表人民讲话，努力帮助人民解难。

　　为认真履行人大代表的职责，史来贺每次进京参加全国人代会之前，都要走访一些村庄，听取群众反映，进行专题调查。1987年3月召开六届全国人大五次会议，史来贺在小组会上，就当时存在的农业生产资料流通环节过多，层层加价，加重农民负担的问题做了发言。史来贺说，农民口袋里的钱都流进皮包公司了，农民怨气很大，这样下去，将挫伤农民的生产积极性，影响农村经济的发展，这个问题必须引起有关部门的高度重视。

　　一次全国人大常委开会，分析物价上涨原因。一位领导同志说，农产品提价，是物价上涨的主要因素。

"不能把物价上涨原因，归结到农产品提价上。"听了那位领导同志发言后，史来贺说道，"物价上涨的原因，不在农民身上，不在农产品上。依我看，问题主要出在流通领域！"

　　会后，有人私下提醒史来贺："你不赞成人家的观点，怎么就接着话茬，当面锣对面鼓地敲开了？"

　　"要是把物价上涨的根本原因，归罪于农产品涨价，说不定哪天又会把农产品价格降下来。那，不坑了农民啦？我是人大常委中的农民代表，当然要为农民说句公

△ 1987年3月29日出席六届人大五次会议的史来贺与赵趁妮在天安门城楼上接受记者采访

道话！"

史来贺时刻心系农民、农业、农村，多次和其他代表联名，就加强农田水利基本建设、增加农业收入、提高农产品价格、减轻农民负担等问题，写成议案，提交全国人大常委会。

1990年3月全国人大会议召开之前，史来贺曾对河南林县红旗渠灌区工程现状进行调查。红旗渠是林县人民劈山开渠创造的人间奇迹。使林县人民告别了亘古以来"水贵如油"的历史，从根本上改变了恶劣的农业生产条件，全县50多万亩土地得到了灌溉，80%的农村解决了人畜饮水的问题。

但是，由于红旗渠已经建成二十多年，当年所建之渠，是用石灰沙浆在悬崖峭壁上垒砌成的，年深日久，风剥雨蚀，水流冲击，工程已老化严重。部分地段渗水漏水，塌方倒岸时有发生。有些地段，残残缺缺，犹如满脸皱纹的老妇，面目堪忧。若仅靠现在红旗渠看管单位的人力物力，凭着手工修补，不能解决根本问题。若要重新加固整个渠道，又需要大量资金。为此，史来贺等代表建议政府要重视红旗渠的改造工作。在1990年3月召开的七届全国人大三次会议上，由他牵头，联合新乡市、安阳市的代表，向全国人大呈交了由他起草的《林县红旗渠灌区亟待进行工程技术改造》的议案。

同年6月，国家水利部以正式文件形式，答复了史来贺等代表的建议，肯定了对红旗渠进行技术改造的必要性，同时说明了工程所需资金的正常渠道。由于各级政府的重视，红旗渠改造工程很快上马，经过清淤、补岸、固堤，红旗渠重新焕发青春，发挥着重要作用。

→ 伸张正义

★★★★★

平顶山市宝丰县李庄乡姬家村，有个农民，名叫周铁，是有名的"林业劳动模范"。

他办事认真负责，铁面无私，多年顶风冒寒，披星戴月，在山上植树护林。山上的每一株树，都渗透着他的心血。那些树，虽说全是集体的，并非私人所有，可他疼爱得就像自己的孩子似的，谁要动一株一枝，他都要红着眼拼命。树成了材，有些人总想偷砍，用作自家建房，或者到市场出卖。周铁又护林极严，惩罚了一些人，也得罪了不少人。

一伙盗砍树木被罚的人串通起来，诬陷他犯强奸罪，还被这伙人打成了脑震荡，不但没人出医疗费，公安局还把他抓了起来。周铁喊冤不绝，可没人听他的。

后经法院判决，以强奸罪将其投入了监狱。

周铁刑满出狱后，四处伸冤，递交诉状。

"你如果要翻案，就把你再关进监狱去！"有关部门不仅不听他的申诉，为了维护"铁案"，还一再恐吓他。

一个长年在大山里植树、护树，没经历过多少社会上"大阵势"的老实农民，哪能承受得了？周铁几乎完全崩溃，他绝望了，准备用一根绳子，套上脖子，了却残生，以死鸣冤！就在这生死关头，他脑子里突然想起一个人，想到了一个能为人民仗义执言的人！这个人就是全国人大常委、新乡刘庄的史来贺。

于是，周铁暂时搁下轻生的念头，迈着沉重的步子，从几百里外来到了刘庄，见到了史来贺。他向史来贺详细倾诉了自己蒙难的来龙去脉，史来贺听后，十分气愤："如果真是这样，把一个呕心沥血植树，一心为集体护林的劳模，平白无故整进了监狱，出狱后还不准人家申诉，岂有此理！"史来贺被深深地震撼了："共和国的法律，决不能被有的人当成了一张废纸，肆意践踏！"

为了为民伸冤，维护法制，史来贺决心行使自己人大代表、全国人大常委的权力，要过问这个案子。

"申诉是一个公民的权利，你先回去吧，我一定把你的案子向有关机关反映。你要相信，法律是公正的。"

送走周铁，史来贺挥笔疾书，向河南省人大常委会写了一封信，如实反映了周铁的申诉请求，建议河南省人大常委会责成有关部门，复查此案。

信发出后，史来贺心里还不踏实，一直牵挂着那位远方的周铁。谁知，过了一个月，周铁又哭哭啼啼地来到了刘庄。史来贺热情地把他安排到刘庄接待站住下后，又详细地问他案子复查的经过。

原来，省人大接到史来贺的信，很重视，及时责令有关部门复查了，但复查者，还是原来参与办案的那些人。那些人偏听偏信，办案不认真，哪肯打自己的耳光？怎能不想维持原状，保住面子？所以结论呢，此案没错，还是维持原来的判决。

"怎样才能把这'铁案'拱动？怎样才能促使问题尽快解决？"史来贺来回踱步，久久沉思。他提起笔来，给新华社河南分社社长写信，详细陈述了周铁的案情，并附上周铁的申诉书。

周铁案终于引起了有关部门的高度重视，并立即成立专案组进行深入调查，使这起冤假错案真相大白。平顶山市政法部门正式宣布，为周铁彻底平反昭雪，恢复劳模荣誉，赔偿一切损失。

周铁平反后，于1986年1月20日致信史来贺："我准备自杀前，如果不是鬼使神差地突然想到了你，我也许现在早已是人间一把灰了。如果不是你敢于为民请命，坚持正义，也许我现在即使没死，也还背着强奸犯的精神枷锁，在苦难中痛苦生活。因为你，我才重新有了人的尊严，人的生活。我生前只要有一口气，就忘不了您！"

周铁在信上还说：我的劳模称号又恢复了，日夜想像您老史那样，建个工厂，带头勤劳致富。只种那几亩责任田，给国家做不出什么贡献，实在对不起党和人民对一个劳模的敬重和期望，请您给我指导为盼！

从此，一个全国人大常委和一个山区农民，不，一个豫北农民和一个豫南农民，书来信往，结下了深厚情谊。

➔ 答记者问

★★★★★

史来贺以农民身份进入全国人大乃至全国人大常委会三四十年里，几十年如一日地为农民着想，替农民代言，为农民办事，真是心里想着农民，时刻不忘农民，一切为了农民。就是在全国性的会议、活动中，也总是出口不离农民。

1990年3月27日下午，七届全国人大三次会议和全国政协七届三次会议新闻中心，在人民大会堂举行中外记者招待会，由史来贺与两位人大代表、三位政协委员，就参政议政问题，回答中外记者的提问。

"如何使农民有更多参政议政的机会？"《人民日报》记者提问。

"这个问题，我来回答。"身着整齐的中山装，面带微笑的史来贺，从座位上站起来，彬彬有礼地说：

"中国有八亿农民，现在全国人大代表中，农民所占的比例还小了一些。希望下一届人代会，能增加一些农民代表，有利于农民参政议政。农民的文化程度虽然比较低，尤其是50岁以上的农民，都是从旧社会过来的人，

△ 1998年3月，史来贺在全国人大九届代表大会投票选举

△ 2001年2月24日，日本NHK电视台在刘庄采访史来贺书记

小时上不起学，文化普遍不高。拿我来说，59岁了，一些文化知识，是解放后才学的。但农民是农村生产第一线的实践者，有丰富的实践经验。一方面，实践是理论、政策的发源地；另一方面，任何政策、法律都要通过实践检验、发展和完善，多吸收农民参政议政，对整个国家有好处。可减少失误，尤其是农业政策方面的失误。"

在史来贺回答时，各种肤色的记者，笔下哗哗地响，唯恐漏记了一个字、一句话。雪亮的镁光灯对准这个憨厚忠诚，而又浑身充满智慧，在随口应答的语言中逻辑严密而又条理清晰的中国农民，频频闪烁。他们不时地向他投去一束束惊奇的目光，低声用不同的语种神秘地交谈着，并对他恰到好处的回答频频颔首。

当晚，中央电视台新闻联播节目播送了这次答中外记者问的实况，再次把史来贺这位新时期中国农民代表的形象，推到了全国人民面前，使人民目睹了他的睿智和风采！

3月28日，《光明日报》在第一版突出位置登载了史来贺在招待会结束时，受中外记者恳请，和记者们合影的大幅照片。并配文做了说明，赞扬这位农民代表的"漂亮回答"。照片的说明词是这样写的：

3月27日下午，6位来自基层的全国人大代表和政协委员，在人民大会堂举行了中外记者招待会。59岁的河南省新乡县七里营乡刘庄村党总支书记、全国人大代表史来贺，就中国农民如何参政议政问题，详细地回答了记者的提问。散会后，一些记者和工作人员围住他，称赞他的漂亮回答。有人提议大家合个影，史来贺笑吟吟地答应了。

史来贺，你作为人民代表、农民代言人，参政议政，管理国家，为民做主，尽职尽责。八亿农民祝贺你，你代表八亿农民说出了心里话！

心系群众

→ "来历不明的救济款"

★★★★★

1977年春节即将来临，史来贺的家庭遇到了特殊的困难。那时，老母亲刚刚病故，母亲生前的医药费还欠着一大节子。妻子因长期伺候婆婆，累得生了病。他自己呢，整天没日没夜地忙碌、操心，也病倒了。

县委领导知道了史来贺家的特殊情况后，就给史来贺送去了70元钱。

在那个年代，70元钱是能解决不少问题的。

县里把钱送来了，可史来贺坚决不要。

"全县，还有比我家困难的干部群众，把这钱拿去救济他们吧。"

"这是县委研究决定的，钱已从账上支出来了，再拿回去，怎么处理？"

没法子，盛情难却，退又退不掉，史来贺只好收下。

他把70元钱拿在手里，掂量了半天。既感谢党组织的关怀，又感到不安。当时"四人帮"刚粉碎不久，群众的生活还相当艰难。拿刘庄来说，虽说比周围村庄强，但村里还有几户群众因特殊原因，生活比较困难。

史来贺把全村二百多户人家"过电影"。有三家人令他担忧。

李玉珍，丈夫死后，留下了三个未成年的孩子，这年能过好吗？

刘铭富，全家八口，只有两个劳动力，他能有钱操办好年货吗？

刘树祥，家中劳力少，妻子又常年病快快的，年关之前，生活上能没困难吗？

比较来比较去，除自己家外，全村数这三户最困难，史来贺决定把救济自己的 70 元钱送到这三户去。

可怎么个送法呢？自己一家一家地送，说是大队救济他们的吧，不行，村里有时搞个节日救济，全是"阳光操作"，从来得开社员大会讨论；说是上级救济的吧，各家会怀疑，自己一个普通农民，上级怎么会知道我家生活困难？一家一怀疑，不就送不出去了？

思忖了半天，没个好法子。正巧，老伙计、大队干部刘树业来了。谈过正事，史来贺递过 70 元钱，说：

"树业，县委关心咱大队的群众生活，年关，救济了咱大队三家困难户。李玉珍，30 元；刘铭富、刘树祥，每家各 20 元。我还有点事，你把钱送给这三家吧！"

刘树业也没多加考虑，拿起钱，就往三家送，李玉珍、刘树祥两人，真认为这钱是县委救济他们的，说声"感谢党的关怀"，就收下了。

刘铭富是刘庄的科研队长，脑瓜很活络，拿着"救济款"心里直犯疑：自己大小也是个干部，上报县委给救济的人家，怎么没研究过，也没听说过？

刘铭富找到史来贺，说道：

"全县那么多小队长，县委能知道我刘铭富？能知道我家有困难？这钱也没经过大队会计，来历不明不白，我不要！"说着，丢下钱就要走。

"铭富，回来。拿着，这是组织救济你的，你就用，还打破砂锅问到底干啥？拿着，拿着！你家现在也确实困难嘛！"

可刘铭富这个人，很有股子犟劲，凡遇事，都非弄个水落石出不可。

他趁到县城办事，特意跑到县委去问，才知道了这钱是怎么回事。可他回来向史来贺一说，史来贺还是一口咬定是县委救济刘铭富的。刘铭富知道了史来贺的心思，只好眼含热泪，收下了史来贺的一片真情。他感激地说："这是县委照顾你的，你却给了我们，你心里总是装着群众，就是没有自己。我感谢组织、感谢你呀！"

春节那天，刘铭富跟村里几个社员，来到史来贺家看望。见史来贺家的过节水饺，竟然是素的，连个油星子也没有。知道史来贺家很困难，把自己的救济款又全给了村里三家困难户，自家连个春节买肉的钱也没有了。此情此景，令几个社员同时掉下泪来……

➡ 临终托孤

★★★★★

刘荣正身患食道癌后，在史来贺和大队的照顾下，又把生命延长了将近两年。1965年10月15日，他病情加重，水米不进，呼吸困难，奄奄一息，已经走到了生命尽头。全家人围着直哭。

这时，刘荣正用微弱的声音，对守在身旁的弟弟刘荣田说：

"快、快把史来贺叫来，我有话对他说……"

史来贺从小就同刘荣正、刘荣田兄弟二人一起光着屁股玩耍。稍大点，又在一起放羊拾柴。青年时又一起闹土改，当民兵，感情很好，互相都很信任。听说刘荣正快不行了，史来贺放下手中的工作，立即赶到刘家，趴在刘荣正的脸边，紧紧攥住刘荣正已有些发凉的手，动情地说：

"荣正，有啥话，你就吩咐吧！"

刘荣正断断续续地说道：

"来贺，托共产党的福，托你的福，我又多活了这一年多。我不行啦……这五个孩子，要在旧社会，不卖掉，也得活活饿死……这五个孩子就托给您了……托付给您，我放心，死了也合眼了……"

接着，刘荣正又把14岁的大儿子刘华中叫到床前，把华中的手放到史来贺手里，说：

"华中，没有共产党，就没有咱一家。我走了以后，你和四个弟弟，要像对待亲生父亲一样，对待老史……长大后，要听党的话，听来贺的话，跟着老史，为集体多出力……啊！"

"放心吧，荣正，我会照顾好你的五个孩子，让他们顺利地长大成人，并培养成才的……"史来贺紧握刘荣正的手，诚挚地说。

刘荣正去世时，才42岁。留下的五个儿子，最大的14岁，最小的才刚刚能扶着墙学走路。本来家境困难的一家人，给他看病花了不少钱，债台高筑，妻子身小力薄，由她带着五个未成年的孩子生活，真是雪上加霜。

"这日子怎么过，这五个孩子怎么活呀……"刘荣正的妻子杨金苹既有丧夫之痛，又加育孤之忧，不禁大放悲声。

"刘家嫂子呀，人死不能复生，别哭坏了身子，五个孩子还靠你这当娘的抚养哩。我给你打个保票，有我史来贺在，有村里党支部在，你家的困难会解决的，你的五个孩子会长大成人的！"史来贺流着泪，真情地劝杨金苹。

史来贺说到做到。他把帮助刘荣正等困难户作为村党支部的一项任务，想办法尽力量给予帮助扶持。当史来贺得知杨金苹因刘荣正生前看病欠集体 500 元钱整天愁眉不展时，就提议支部研究，免去这笔欠款。使杨金苹压在心头的石头落了地。

春节来临了，杨金苹无力办年货，准备给孩子们包顿素饺子吃吃，就算过年了。这时，史来贺和干部们扛着一袋白面，提着猪肉、食油来了，还送来了自己家织的土布，让杨金苹给每个孩子做新衣、新鞋、新帽，让他们穿戴得整整齐齐。孩子们该上学了，史来贺就给孩子们送来

△ 80年代刘庄村春节团拜会

学费和买书、买笔、买作业本的钱。还常常教育孩子们认真学习，学好本领，长大好好为人民服务。在史来贺和村集体的帮助、培养下，刘荣正的五个孩子认真学习，茁壮成长。大儿子刘华中，中学毕业后回村不久就当上了民兵营副营长，在史来贺培养下入了党。1977年，新乡县人民银行在刘庄招收一名职工，史来贺推荐了他。史来贺经常"敲打"他，在外边要"老老实实做人，勤勤恳恳做事"。刘华中工作十分认真，钻研业务，劲头特足，后来被正式录用为国家干部，当了新乡市人民银行副行长。二儿子刘华高，中学毕业后，史来贺送他参了军，在部队入了党，退伍回村后，担任了刘庄造纸一厂厂长。三儿子刘华山，高中毕业后，分配在刘庄造纸三厂工作，很快当了车间主任。四儿子刘华德，高中毕业后，分配在刘庄华星药厂工作，也很快担任了车间主任。五儿子刘华智，高中毕业回村不久，就当了刘庄门市部经理。

全村人说："要没有史书记的关怀和培养，就不会有刘家兄弟的今天！"

➡ 关爱"弱势群体"

★★★★★

史来贺时时刻刻关爱着村里的弱势群体。他常说，弱势群体没本事，常被人忽视，这些人你要是不去关心他，帮助他，他们就会少吃没穿，受穷受困，难以生活……这不符合共同富裕的要求。

正因为此，史来贺更加关注弱势群众，更加为之倾注更多的热情和关爱。他常常把目光投向最穷的人、最急的人和最难的人，对他们施以援手，排忧解难。

村里最穷的人，要数王伟民家了。王伟民家是一个相当特殊的家庭，临解放时，王伟民的父母带着他和一个妹妹，逃荒路过刘庄，再也走不动了，被好心的刘庄人收留下来，在刘庄搭个茅草房住了下来。王伟民腿有残疾，走路脚一拐一颠的。他先后结了三次婚，前两任妻子，都因生活过不下去，走人了，同时还带走了一些钱。

△ 1988年，史来贺书记与药厂厂长史世领（中）在生产一线

儿子驼背，也有些弱智，结婚又花了不少钱，家庭亏空了，一家人又没个真正顶得起家过日子的台柱子，因此生活比较困难。史来贺了解到王伟民的情况，就安排他到村里的一个单位当门卫，一年有两万多元的收入。村里每年都要给王伟民救济补贴，尽管如此，史来贺心中还总是挂念着王伟民，经常派人询问、看望，给予照顾和帮助。

最急的人就是杨丽。1999 年秋，村民马玉峰的妻子杨丽剖腹产后大出血，急需寻找相同血型的人输血。杨丽的血型特殊，同血型的人稀少。

"一定要把杨丽抢救过来！要多少血，我们就提供多少血！"闻讯，史来贺坐镇指挥救助，彻夜不眠。

电话里，史世领接到父亲的"命令"，便立即带着机械厂、淀粉厂、车队的一群壮汉，连夜最先赶到新乡血站。

午夜，刘庄的一辆辆汽车，还在不断地拉来人马，在血站前排成长龙，挽起胳膊，等待验血。

终于，从几百人中找到两名血型相符的村民，鲜血及时注入产妇体内。

这时，村里还在继续组织献血者。七里营镇医院院长按史来贺的嘱托，从其他医院找来的几袋血，也送到了产妇床前。

产妇杨丽的娘家人匆匆赶来，准备献血，见杨丽已转危为安，流泪说道："多亏杨丽嫁到了刘庄，遇上了史书记这样的好人。要不，准没命了！"

赵兴才是从安徽来到刘庄务工的，遇到了急难，史来贺同样给予全力帮助。1988 年的一天，赵兴才刚来刘庄畜牧场打工十多天，忽然肚子疼痛万分，在床上直打滚。史来贺得知这一情况，立即让司机用小车把赵兴才送往医院。谁知赵兴才无论如何不上车，坚持不去医院治疗。原来赵兴才是因为没有钱才不去治疗的。史来贺下了死命令："救人要紧，立即送到医院去！"到医院一检查，确诊为胆囊破裂，医生说："如果再晚来一会儿，患者的命就保不住了。"

医院决定马上为小赵动手术，需要家属签字，小赵的亲属都没赶过来，史来贺说："小赵是来俺村干活的，刘庄就是他的家，我就是他的家长，这字，我来签！"史来贺还专门抽调三个人照料小赵。赵兴才病愈出院后，史来贺担心他身体虚弱，让他住到刘庄接待站，休养一段时间。赵兴才十分感动。一天，史来贺来看望他，赵兴才激动得不得了："史书记，是您和刘庄人让我拣回来一条命啊！"并提出在刘庄继续干活挣钱来还住院的医疗费。史来贺对他说："人，谁都有急难的时候，你的住院花费，都由刘庄集体出了，你不要操心了。"几天后，赵兴才准备回家去，史来贺还专门派人送去路费，并把他送上列车。

最难的人是余得洋家。余得洋是个哑巴，单门独姓，儿子去世时，留下6岁的孙子，儿媳韩玉琴还有些呆痴。刘庄建新村楼房时，史来贺让余家第一批搬进新村，并派一名妇女干部帮助料理家务，计划开支，把每年集体分给余家的钱存到银行里，家中陆续添置了冰箱、电视机、缝纫机等。余家孙子长大成人后，史来贺领着干部把余家的存款73200元一分不少地交给了他，并把他安排到药厂微机室上班。

史来贺经常到村里的几户残疾人家中去看望，他说："咱村，只要这几个残疾人家庭没问题，干部就放心；也只有这几户人家也富了，才算得上共同富裕。"在刘庄企业上班的外地工人羡慕地说："这些没成色的人，生长在刘庄真是有福了！"

永远"带好头"

★★★★★

　　史来贺知道他所担任的刘庄党支部书记——党总支书记——党委书记的分量。

　　史来贺更懂得这个"带头人"的深刻含义，也更能对"带头人"的含义给以晓畅明确的解释："带头人"就是要处处"带头"——带头学习贯彻党的方针政策，带头自力更生，改变穷困面貌，带头全心全意为人民服务，带头吃亏，带头廉洁奉公，带头无私奉献……

　　于是，思想变成了一个个具体的行动。

　　学习，他带头。真难为他了，原先文化程度不高的史来贺，开始翻开书本时，看到的却是太多的陌生面孔。但是他并没有气馁。他凭着勤学好问和悟性，在文化知识上实现了快速的跨越，读报纸，看文件，学理论文章，总是那么津津有味地细细品嚼着，丰富自己，与学习结下了不解之缘。几十年里，在他的口袋中，在他的提包内，总要装着报纸、书本、笔记本和铅笔，一有时间，就要学习，从未间断。

　　他读马列著作、《毛泽东选集》、《邓小平文选》，读《政治经济学》、《管理学》，读《土壤学》、《作物栽培学》，读《三国演义》、《孙子兵法》，读哲学、读历史，还很爱看《地道战》、《地雷战》、《平原作战》、《奇袭》、《豫东之战》、《孟良崮战役》等战争片，兴趣十分广泛。在他看来，知识是相通的。他从多方面的知识中汲取营养，丰富自己，变为领导物质文明建设和精神文明建设的聪明才智。

有一名党委委员对学习的重要性认识不足，对读书不是很热情，史来贺专门为他选定学习内容，买了笔记本和钢笔交给他，引导他学习，并经常问他的学习情况。这位党委委员照史来贺的要求去做了。渐渐地，他由看到方块字就打瞌睡变成无限迷恋了。他写学习心得，记工作笔记，思想、工作进步很快。

遵守党纪国法，端正党风党纪，廉洁奉公，不谋私利，他带头。村党委建立健全定期选举制度、生活会制度、学习制度、谈心制度、党员联系户制度和群众评议制度。在生活会上开展批评和自我批评，不管谁有了缺点、错误，都不留情面。严就是爱。对党员干部的严格要求，提高他们的觉悟，把那些思想觉悟高、有文化、懂技术、善管理的德才兼备的人才及时选拔进领导班子。几十年来，刘庄党员干部自觉遵守党的纪律，严格要求自己，起模范带头作用，没有人在金钱面前跌跤子。

严以律己，苦干实干，不怕吃亏，为人民服务，他带头。几十年来，他甘愿与群众一道"趟露水"、"流汗水"，把为群众造福作为最大的乐趣。他拿国家干部工资以后，当群众平均收入比他低的时候，他把工资全部交给集体，按劳力平均水平参加集体分配；当群众的分配水平超过他的工资收入时，他又只拿自己的工资，不要村上的任何补贴。每逢春节，他带领干部到饲养室，到工作值班室替下饲养员和值班人员，让他们回家团聚，过团圆年。50多年来，他始终与全村的党员干部群众同呼吸，共命运。搞农业，他与群众一起平地改土，起早贪黑，汗往一处流；建新村，他既当指挥员，又当战斗员，同群众一样参加劳动，累倒在工地上；办企业，他与技术人员一道进行调查，组织论证，搞试验，攻难关，为企业发展呕心沥血；职工村民有了病，他去看望；谁家有了困难，他想方设法帮助解决。全村人的柴米油盐问题他都时刻挂在心头。

刘庄的每一块田地，每一个企业，刘庄的一草一木，一砖一石，都凝聚着他的心血和汗水。

史来贺的这种无私奉献的精神，像春风化雨，滋润着刘庄人的心田，潜移默化地陶冶着刘庄人的思想和情操。

史来贺默默地带出一批德才兼备，受群众拥护的中青年干部。

史来贺的精神带出了好党风、好村风、好民风。

"太阳是星辰的榜样，无私地向大地挥洒光芒。头雁是雁阵的榜样，勇敢地在蓝天指引方向。"

史来贺带领刘庄人展翅飞翔，把大写"人"字写上九万里长空蓝天。

1990年2月27日，《人民日报》头版显著位置发表

△ 1993年3月，史来贺参加全国人大八届一次会议时和部分代表合影

长篇通讯《走在社会主义大道上——记河南省新乡县刘庄党总支书记史来贺》，同时配发《共产党员的榜样——向史来贺同志学习》的评论员文章。评论员文章指出："中共中央组织部把史来贺的名字与雷锋、焦裕禄、王进喜、钱学森并列为解放40年来，在群众中享有崇高威望的共产党员的优秀代表，他是当之无愧的。"1991年2月6日，中共中央总书记江泽民同志来到刘庄视察，他兴致勃勃地察看刘庄的药厂、农民住宅，听取史来贺的汇报，十分兴奋地说："社会主义好，刘庄是有说服力的。"并为刘庄题词："加强基层组织建设，走共同富裕的道路。"

江总书记来到村民家中，环顾宽敞的居室和一应俱全的家具、电器，感慨地说："都像你们这样安居乐业，就国泰民安了。"江总书记对大家说："有个好带头人很重要啊! 我们河南的党员，全国的党员，都应该向史来贺学习，一心为公，无私奉献。"

鞠躬尽瘁

➡ 患 病

★★★★★

　　刘庄的药厂在改建、扩建，淀粉厂也在扩建，农民公寓在建设。史来贺更加繁忙了。他常常忙到深更半夜。

　　2002年12月中旬，刮起了东北风，天气忽然冷了起来。史来贺感冒咳嗽。村里的医生几次催他抓紧治疗，可他没在意。他首先考虑到的是职工冷不冷，生活怎么样。那时，淀粉厂正在扩建，职工们加班加点，赶时间加工设备，安装机器。史来贺叫来淀粉厂厂长叮嘱："现在，天气寒冷。要首先抓好职工生活问题，调剂好饭菜，保证让职工吃好，吃上热饭热菜，注意身体，注意安全!"第二天，又下起了小雪，路面很滑。史来贺要到淀粉厂察看。干部劝他等天气好时再去，他说："我不能光听汇报，我得亲自去看看、问问。"看罢淀粉厂，他又到药厂、纸厂、畜牧场去了解情况，和职工们一起交谈，看看职工吃的饭菜，问问职工们还有什么意见和要求。12月下旬的一天，阳光明媚，映得雪地生辉。史来贺与村干部、村民代表一起，向刘庄东南角的一幢别墅式楼房走去。他们去验收刚刚竣工的农民别墅"样板楼"。

正在建设的刘庄农民别墅，是刘庄的第三代住宅楼房。第一代住宅楼房 1976 年开始修建，是一家一院的单面双层向阳楼房；第二代是 1994 年修建的十四幢五层单元式楼房，每层两户，每户实用面积 150 平方米；第三代现代化、智能化、花园式新型农民别墅，每户 472 平方米，人均 120 平方米，全框架结构，抗震强度大于八级，配有中央空调、信息网、路网、电网、轻音乐、集中供热供气、供水排水、生活污水处理、休闲健身广场、中心花园、安保全天候监视系统等设施。

史来贺正在和大家听着"样板楼"的情况介绍，忽然，不住地咳嗽起来。一位干部用手在他头上一摸，感到发烧。经大家反复劝说，勉强看完"样板楼"后，大伙硬"推着"他到刘庄医院去检查。

刘庄医院医务人员见他老咳嗽，用了不少药，低烧还是不退，硬送他到新乡市医院检查。医生诊断后，下了诊断结论：必须立即住院治疗。

史来贺就要到市里去住院治病了。临走，把村党委副书记刘名宣叫到跟前，吩咐他到村民王伟民家看望。

送走史来贺，刘名宣直接到王伟民家了解情况。

第二天，刘名宣代表刘庄人去市里医院看望史来贺。走进病房，没等刘名宣开口，史来贺倒先开了口：

"我叫你去看看王伟民家，去了没有？"

"去了，昨天送走你，我马上就去了。"刘名宣把在王伟民家看到的，一五一十向史来贺说了一遍。

史来贺满意地说："咱村只要王伟民家还有好几万元的存款，生活富裕了，我也就放心了。"

这时，第十届全国人民代表大会召开的预期时间在即。史来贺再次当选全国人大代表，并已有预案，他依旧是大会主席团成员。

2003 年 3 月 1 日，全国人大有关部门又来电话，询问史来贺的病情，

鞠躬尽瘁

省人大、市人大向全国人大有关部门做了汇报。

看着史来贺书记的病情不见起色，新乡市委书记连维良万分着急，当即决定让史来贺到北京大医院检查，但又不能对史来贺明说，怕给他造成思想压力，只说："北京通知让你马上去参加全国人代会。"史来贺听说要去开会，执意要回刘庄安排村里的工作。

"自己的身体都到了这个地步，还是想着村里的工作，老史啊！"

连维良感动得一股热血直往上涌，勉强噙住了泪水。

此时，如果不让史来贺回村去布置工作，老史不放心，即使到了北京也不会放心。况且，还会使他怀疑到自己的病上去；让他回村去布置工作，又实在于心不忍。想来想去，连维良还是让他当晚回村布置工作，第二天去北京。

2003年3月10日晚上，史来贺在村办公室召开干部会议，着重讲了三件事：一是新村的建设要抓紧，一拖延，整个工作就不能按预期完成；二是药厂的改造工作要抓紧，抓得不紧，晚个十天半月投入生产，就给村里带来不小损失；三是村里像王伟民、余德洋等几户残疾人家庭，要经常派干部去家里看一看，有什么困难，及时帮助解决。

几名知道史书记病情的主要干部耳朵听着讲话，心里老走神，握笔的手老是有些颤抖，有人手里的本子也几次掉在地上。泪花不由自主地在眼里闪动。大多数不知情的干部感到很奇怪。因为史来贺患病的情况从没向村里人透露过，怕影响大伙的情绪和生产。

2003年3月11日晚上，史来贺坐上北去的列车，要到北京去了。新乡市的领导和刘庄村的干部，在新乡火车站为史来贺送行。谁也不说是送他去北京看病，仍像过去每年送他去北京开人代会一样。

在北京协和医院

★★★★★

史来贺在北京协和医院住院治疗。刘庄党委副书记史世领和刘名宣守候在床前。

"你们两个人，担子都不轻。你们又不是医生，老守着我干什么？你们都回去吧！"史来贺一而再再而三地要赶他们回村去。

"俺俩是受刘庄人委托，在这里照顾您的。"

"医院看病有医生，打针吃药有护士，还要你们照顾个啥？回去，回去，别待在这里躲轻闲！"

"医院说了，我们刘庄必须留两个人在这里陪着，有什么医疗上的事，好随时找我们商量。再说，我们在你身边当个联络员，你有什么吩咐，我们随时转告家里干部；家里有什么事，我们随时了解，向你汇报，同你商量。一来照顾一下您，二来对工作也有利，一举两得嘛！"

刘名宣这么一说，史来贺才勉强同意他们留下了。

史来贺去北京看病后，老伴刘树珍很不放心，就叫二儿子史世会代表她，进京看望。

"你怎么也跑来了？我不是打电话给村里干部说过，村里谁也不要再来北京看我吗？"二儿子一进门，就被史来贺"熊"上了。

"俺妈不放心，非叫我来看看你。我也想来看看你！"史世会觉得委屈。

史来贺发完火，史世会看着父亲明显消瘦许多的身子，眼泪滚了出来，见儿子流泪，史来贺还以为是儿子负责的药厂改造工程出了什么大事，着急地问道：

"怎么？药厂改造上遇到过不去的难关啦？出事啦？"

"不是。"史世会摇摇头，问爸爸："爸，您老人家身体自我感觉怎么样？吃饭、睡觉怎么样？"

"我怎么样，那是医生管的事。你是药厂主管技术的厂长，药厂改造正在节骨眼上。你先别问我怎么样，先给我说说你负责搞技术改造的药厂现在怎么样！"

史世会将刘庄药厂技术改造的进展情况汇报后，史来贺开心地笑了：

"好，好。按时完成药厂改造，按时投入生产，就能保证刘庄今年的工农业总产值再有个大幅度提高！"

"你爹的身子，你也看到了，回去叫你娘放心。药厂技术改造，一刻也离不了你这个技术厂长。你给我马上回到刘庄，回到药厂去！"二儿子只在医院待了半天，就被当爹的"撵"走了。

就这样，史来贺还不放心。第二天，就给药厂办公室打电话，直至知道二儿子史世会已经回到药厂，正领着技术人员忙着攻关，他才放心了。

史来贺人在医院里，心仍在刘庄。白天，一边输液，一边招呼刘名宣、史世领坐到自己的病床前来：

"过来，过来，咱们把刘庄的有些事再商量一下。把今后的发展思路再理一理。"

研究过当前刘庄的一些具体工作，刘庄这几年中的经济发展规划，如何确保几户残疾人家庭在共同富裕的道路上不掉队，又谈刘庄发展的基本经验，怎样把刘庄建设成达到或超过世界发达国家农村水平，如何让刘庄永远走在中国农村改革和发展的最前列。

令史世领、刘名宣印象最深、启发最大的，是史来贺在病房里讲的这样一番话：刘庄走到今天，50多年里，经历了许多风风雨雨，坎坎坷坷。在今后的征途上，必将还会遇到许多意想不到的惊涛骇浪，狂风暴雨。但是，我们只要始终抓住这么四条不放，就不会出什么大问题。

一是要始终抓住发展壮大刘庄集体经济不放。要真正让农民共同富裕起来，离不开强大的集体经济。只要集体经济保住了，发展了，壮大了，对国家的贡献，老百姓的好日子，就有坚固基础了。去年，全村人均纯收入加福利，已经超过1万元，户均存款20多万元，没那么多集体企业挣钱，农民哪有这日子？要想让刘庄对国家由小贡献到大贡献，农民从小康到"大康"，还得大抓集体经济！

二是始终抓住不断改善老百姓的生活不放。集体经济发展了，村里农民的生活也要同步发展。让农民得到巨大的实惠，他们才能打内心说社会主义好，才能跟着共产党干社会主义。

三是始终抓住一切从刘庄实际出发的办事原则不放。遇事要有主心骨，不能听风就是雨。只有我们把党的路线方针政策同本地实际结合起来，在结合点上下功夫，才能把事情办好。

四是始终抓住党员干部的公仆精神不放。要牢记"两个务必"，立党为公，执政为民，权为民所用，情为民所系，利为民所谋。要无私奉献，清正廉洁，公道正派。

这"四个始终"，既是史来贺一生经验的总结，也是他自身心迹的真实袒露，更是他对刘庄党员干部的殷切期望。

史来贺接着说道："总结我当党支部书记这么多年的经验，主要是坚持了'六个不变'。这就是：坚持全心全意为人民服务的宗旨不变，坚信共产主义理想不变，坚持走中国特色社会主义道路不变，坚持一身正气、一心为公不变，坚持合理差别、共同富裕不变，保持劳动人民的本色不变。"

白天，史来贺与刘庄的两位干部在病房研究工作。夜里，他就往刘庄打电话，每天把村里各个企业的一把手，都要用电话"过"一遍，询问生产情况，商量难题的解决办法。有时，为了让他按时休息，医护人员把病房的灯关了，他还躺在被窝里，用手机继续跟刘庄人通电话。

➡ 病　逝

★★★★★

2003 年 4 月 3 日，在北京住院的史来贺执意要回刘庄去。到了新乡，由于病情加重，又住进了市中心医院。

这时的史来贺，吃饭已没了胃口，身体已极度虚弱，声音也很低了。可他依然牵挂着村里的事。

一天，他对在病房里的刘名宣说："名宣，我要给村里打个电话。"

电话拨通了，他说话的声音已很低，电话线的另一端，根本无法听清楚他说的话。没办法，只好由他说一句，刘名宣再转达一句。问过村里各企业近日的生产正常不正常，又问村里群众的情绪稳定不稳定。问完后，他点了点头，闭上眼睛，躺在床上，直喘粗气。

看着史来贺躺下了，刘名宣跑到病房的走廊里哭开了。

从北京回到新乡市中心医院，史来贺又在这里住院 11 天。11 天里，天天有络绎不绝的人流到医院来探望他。怕影响史来贺休息，医院只好全部挡在了病房外。前来探望者，有的是老朋友、老熟人、老同事，

鞠躬尽瘁

更有许多是与史来贺素昧平生的人。他们素来敬佩史来贺，对史来贺心仪已久，敬重有加，特意到医院来看望。

守候在史来贺身旁的两名干部每天看看史来贺不顾自己的疾病，仍然为集体操心不已，打内心感到心疼，暗自流泪，想方设法劝说："老书记，你就安心养病吧。我们这些干部，都是你手把手培养起来的，你还有什么不放心的吗？"

史来贺用微弱的声音说道："我前前后后住了一个多月医院了，村里的许多情况，我只是从电话上、从大伙口头汇报上知道一些，但没有实际看到。我的确有几件事一直不放心。我最关心的还是原来说过的三件大事：

一是投资 3 亿元，到 2005 年，使华星药厂的青霉素原料药年产量达到 8000~10000 吨，成为全国最大的生产基地之一；使刘庄年产值达到 10 亿元以上，年缴纳税金达到 1 亿元；

二是一定建好那 400 套集体别墅新村；

三是把刘庄建成现代化新农村还有一段路要走。"

史来贺说了这几件"不放心的事"，实际上，是要村里的党员干部下决心办好这几件事。

4 月 14 日下午，脉搏已十分微弱的史来贺几次艰难地抬抬手，用手指着窗外。那窗外，正是刘庄的方向。

知父莫若子。还是儿子世领最懂父亲的心思，解悟了他手指窗外之"谜"：

"我父亲生在刘庄，长在刘庄，一辈子也没离开过刘庄。他要在刘庄过完自己这一生，想从刘庄的土地上走哇……"

当日下午 5 点钟，史来贺在救护车护送下，返回刘庄。

"老史回来了！"全村人奔走相告。

不一会儿，史来贺门前的院子里、街道上，就围满了刘庄的几百口人。

村里的年轻人以跑步的速度赶来了！

刘庄学校的老师和学生，正上当天下午的最后一节课。老师无心讲课，学生无心听讲，只好提前放学，一齐赶来了！

行动不方便的老人拄着棍子赶来了！

更有年迈体弱、已不能挪步的几位老人，也叫儿孙们搀着、扶着、用小车推着，赶来了！

"眼下，老书记究竟怎么样了？"

"让我们看一眼吧，看一眼我们就放心了！"

"让我进去吧，我只看一眼，只说一句话，就出来！"

然而，医生吩咐，为了保证老史的安宁、静养，除了家人和村里负责老史治疗的干部，谁也不让进屋！人们站在院子外面，在心里祈祷着，希望老书记快点好起来。

有几位村民找到村干部请求：

老史一辈子都想着自己的入党誓言，要让刘庄人有饭吃，有衣穿，有房住。单拿住房来说，他操了多少心啊！如今，眼看着农民别墅一座座盖起来了，他却一天也没住上，咱得赶紧把"样板楼"的水、电接通，哪怕叫老书记搬进去住上一天，我们心中也好受一点！

全村群众的一声声发自肺腑的请求，充分表达人们对老书记的无限深情。

4月22日，史来贺望着床前的大儿子史世领，几次张嘴，似乎有什么话要说。但是，终究一点声音也没有发

鞠躬尽瘁

出来。他连点点头摇摇手的力气也没有了，唯有指头还能微微颤动，听觉还勉强能起作用。

"爸，你别动，好好躺着吧，我知道你要说什么。我说给你听听。说对了的，你就动动指头。"

史世领把头尽量靠近爸爸的耳朵，大声说道：

"爸，我知道，您老人家还有几件事要叮嘱我和村里干部。第一，刘庄的集体经济不能垮，不能滑坡，一定要越搞越好！"

老人的指头明显地动了动。

"第二，刘庄要坚持走社会主义的共同富裕道路，全面实现小康社会。"

老人的指头没有动。

史世领赶紧补充道：

"办什么事都要考虑到刘庄的弱势群体，特别要把那几户残疾人家庭照顾好，让他们也过上好日子！"

老人的指头这才又动了动。

"第三，刘庄的党员，刘庄的干部，啥时都不能搞特殊，不能当假公仆，要当真公仆，永远像孝敬父母一样为刘庄人服务、造福！"

老人的指头又动了动。

史世领还想往下说。老人却微微地闭上了眼睛。史世领赶紧把话打住了。他知道父母的意思：只要真正做到了这几条，就够了。

2003 年 4 月 23 日，一个随着时代的脉搏跳动了 73 载的心脏，停止了跳动！

一位"五十年红旗不倒"的扛旗人倒下了！

一颗中国农业战线的璀璨明星陨落了！

一个中国八亿农民的优秀代表，带着对故乡土地的深深眷恋，带着对故乡百姓的无限牵挂，远行了！

一个为百姓富裕不懈奋斗半个多世纪的中国共产党党员的榜样，中国农村党支部书记的楷模，留下不朽的功绩，不泯的精神，安息了！

→ 无尽的怀念

★★★★★

史来贺静静地走了。刘庄大地笼罩着沉痛、悲哀和无尽的怀念。老年人喊着史来贺的小名张妮，同龄人喊着"老史"，年轻人喊着"老书记"，小孩子喊着"史爷爷"，村里到处哭声一片，街道两旁挂满了白花，寄托全村人对老书记的无限哀思。

2003年4月30日，是送别史来贺的日子。当时正值"非典"肆虐，上级规定，非经批准不得举行大型群众集会。因此，新乡市委决定，史来贺同志追悼会在刘庄大礼堂门外广场举行。

史来贺病逝后，全国人大、中共中央组织部、国家农业部、河南省委发来了唁电。

中共中央总书记、中华人民共和国主席胡锦涛同志从北京打来电话，对史来贺同志的逝世表示沉痛哀悼，对其亲属表示诚挚慰问！

中共中央政治局常委吴邦国、曾庆红、李长春、罗干，以及中共中央政治局委员、中组部部长贺国强

△ 2003年4月23日19时20分，史来贺怀着对刘庄人民的无限爱恋，离开了他生活的这片土地。刘庄的干部群众深深怀念他们敬爱的老书记

发了唁电，并送花圈。

李鹏、万里、乔石、薄一波、宋任穷等曾担任党和国家重要领导职务的老同志，发来唁电或送了花圈。

已故共和国主席刘少奇同志的夫人王光美同其长子刘源，代表一家人送了花圈。

中共中央组织部在唁电中对史来贺的一生做了高度评价："史来贺同志是我部表彰的优秀共产党员。他毕生追求共产主义理想，坚定中国特色社会主义信念，全心全意为人民服务，毕生立足农村实际，对加强党的基层组织建设，带领群众发展集体经济，走共同富裕道路进行积极探索，创造了许多宝贵经验；毕生忠实地实践'三个代表'思想,不愧为农村党支部书记的榜样,是当代共产党人的楷模。"

800 多个花圈摆放在刘庄大礼堂门前的几十个台阶上。

那写在花圈上的一幅幅挽联,更表达出了人们对史来贺的无限崇敬和深切哀悼。

江河大地存忠魂;
哀泪悲歌悼英灵。

良操美德千秋在;
亮节高风万古存。

美德常与乾坤在;
英名永同天地存。

生前亮节似松凌霜雪;
死后高风如水照青天。

奇迹奇事,功在家国有巨勋;
硕德硕望,泽留乡里仰遗风。

烟雨凄迷,中原春花洒血泪;
音容寂寞,黄河流水放悲声。

规律难违,自古谁能千年寿;
高风永继,而今人仰一世功。

追悼会上，新乡市委书记连维良边念悼词边掉泪，台下，参加追悼会的几百人无不默默垂泪，有人竟失声抽泣！

遗体告别仪式开始了。人们缓缓地走到安眠在鲜花丛中，身上覆盖着中国共产党党旗的史来贺遗体前，深深鞠躬，依依惜别。

灵车缓缓启动了。守候在会场四周的刘庄村民们，忽地一下，全部拥了出来。哭着喊着，非要再看一眼他们的老书记！

△ 2003年4月30日，史来贺同志遗体告别仪式

△ 2003年4月30日史来贺的亲属将骨灰撒在刘庄的大地上

　　"老书记呀，您慢些走！"

　　"老书记呀，我们永远怀念您！"

　　"老书记呀，您一生辛苦，是累死的啊！安息吧，别再挂念着我们了！"

　　灵车缓缓开过刘庄的各个街道，开过农民别墅群，开过药厂、机械厂等十多个企业院内，让史来贺再看看他奉献过汩汩心血的累累成果！

　　灵车驶出刘庄。上千村民，送了一程又一程！

　　从刘庄通往火化场的大道上，站满了附近村庄闻讯赶来为史来贺送行的群众。他们含着泪，把千万朵雪白的纸花挂在沿途树上，放在冬青上，寄托深深哀思！

　　史来贺的一部分骨灰撒在了刘庄的大地上，他要永远看着刘庄的发展变化。

8月31日，中共新乡市委做出《关于深入开展向史来贺学习的决定》。9月5日，中共河南省委做出《关于开展向史来贺学习活动的决定》。9月15日，《人民日报》、《光明日报》、新华社、《经济日报》、《中国青年报》等中央各大媒体集中报道史来贺的光辉事迹和崇高品质。《人民日报》配发的评论员文章《一面不褪色的旗帜》中写道："史来贺同志的思想和事迹，是我们学习贯彻'三个代表'重要思想的一部生动教材，史来贺同志已经去世了，但是他坚定的理想信念、爱民的真挚情感、高尚的思想品德、务实的工作作风和清廉的个人操守，作为一笔宝贵的精神财富，给人启发，催人奋进。"

史来贺出色完成历史赋予他的神圣使命之后悄然离去了，但是，他的先进事迹却在广泛传颂，史来贺精神已经成为我们党的宝贵财富，在中华大地永远延续。在史来贺精神辐射下，新乡大地涌现的京华、龙泉、张青、楼村、耿庄、回龙等先进村庄为代表的先进群体，如群星璀璨，熠熠生辉。

史来贺生前对刘庄接班人问题，也早有思考和思路。他曾再三对刘庄的干部群众说过：

刘庄的干部，特别是担任"一把手"的接班人，千万不能指定，要集体培养，群众选举。谁能坚持立党为公，执政为民，谁有本事带领群众致富，并让集体经济不断发展壮大就选谁；选谁不选谁，一切以群众的信任度、满意度为标准。

他还多次说过：

刘庄人不但要在物质文明和精神文明上走在前面，还要在政治文明上走在前面。政治文明的核心内容就是要发展社会主义民主，在干部的培养和选择上，要充分体现民主精神，尊重全村党员和群众的民主意志和民主权利。

遵照老书记生前嘱咐，在新乡市委和新乡县委的指导下，2003年5月13日，刘庄大胆地采取直选方式，选举出新一届党委领导班子。参加党员大会的党员共113名，史世领以全票当选党委书记。

7月22日，全村928名具有选举资格的村民，参加了村委会领导班子的选举，史世领又以912票的高票，当选为村委会主任。

刘庄人正在新班子的领导下，努力完成老书记未竟的事业，为实现老书记的最终理想而继续奋斗！

如今的刘庄，到处是欣欣向荣、蒸蒸日上的喜人景象，各项事业正在向新的高度腾飞！

2004年1月20日，温家宝总理到刘庄视察时，对史来贺的一生给予了高度评价，称他是：

"中国共产党的优秀党员，中国农民的典型代表，全国基层干部的一面旗帜。"

温总理对史世领说：你们新班子，一定要继承史来贺同志的遗志，把刘庄建设得更美好！

我们坚信，史世领和他带领的"一班人"，一定能够发扬老书记史来贺留下的光荣传统和宝贵精神，带领群众把刘庄建设得更加美好！

刘庄——中国农业战线上的这面旗帜，将永远高高飘扬。

鞠躬尽瘁

后 记

丹心浇灌绿野

2002 年秋，史来贺同志曾想让我编写一本刘庄人民在党组织领导下，励志图强奔小康的书。书要精练，说明白刘庄是怎样走过来的，让人读着有味，受到启发。他主持召开几次座谈会，还约了部分干部与我详谈。可惜，此后不久，史来贺突然病倒、去世，此事搁置下来。

岁月流逝。史贺逝世已经九年有余，而他写本关于刘庄的书的愿望仍未落实，成了我的一个心结，恰值吉林文史出版社拟出一套"双百"人物丛书，遂按要求赶时撰写。

本书成稿后，承蒙刘庄党委副书记刘名宣同志审阅、订正；在王尔立副总编的大力支持下，此书得以付梓。特致谢忱。

谨以此书纪念史来贺同志逝世 10 周年。

/**100**位
新中国成立以来感动中国人物 /

丁晓兵　马万水　马永顺　马恒昌　马海德　中国女排五连冠群体

孔祥瑞　　孔繁森　　文花枝　　方永刚　　方红霄　　毛岸英

王　杰　　王　选　　王　瑛　　王乐义　　王有德　　王启民

王进喜　　王顺友　　邓平寿　　邓建军　　邓稼先　　丛　飞

包起帆　　史光柱　　史来贺　　叶　欣　　甘远志　　申纪兰

白芳礼　　任长霞　　刘文学　　刘英俊　　华罗庚　　向秀丽

廷·巴特尔　许振超　　达吾提·阿西木　　邢燕子　　吴大观

吴仁宝　　吴天祥　　吴金印　　吴登云　　宋鱼水　　张　华

张云泉　　张秉贵　　张海迪　　时传祥　　李四光　　李春燕

李桂林和陆建芬夫妇　　李素芝　　李梦桃　　李登海　　杨利伟

杨怀远　　杨根思　　苏　宁　　谷文昌　　邰丽华　　邱少云

邱光华　　邱娥国　　陈景润　　麦贤得　　孟　泰　　孟二冬

林　浩　　林巧稚　　林秀贞　　欧阳海　　罗映珍　　罗健夫

罗盛教　　草原英雄小姐妹　　赵梦桃　　钟南山　　唐山十三农民

容国团　　徐　虎　　秦文贵　　袁隆平　　钱学森　　常香玉

黄继光　　彭加木　　焦裕禄　　蒋筑英　　谢延信　　韩素云

窦铁成　　赖　宁　　雷　锋　　谭　彦　　谭千秋　　谭竹青

樊锦诗

图书在版编目（CIP）数据

史来贺 / 丁先军著. -- 长春：吉林文史出版社，
2012.12（2024.5重印）
（100位新中国成立以来感动中国人物）
ISBN 978-7-5472-1383-4

Ⅰ. ①史… Ⅱ. ①丁… Ⅲ. ①史来贺（1930～2003）
－生平事迹－青年读物②史来贺（1930～2003）－生平事
迹－少年读物 Ⅳ. ①K827=7

中国版本图书馆CIP数据核字（2013）第001554号

史来贺

SHILAIHE

著/ 丁先军

选题策划/ 王尔立　责任编辑/ 王尔立 李洁华 任玉茗

装帧设计/ 韩璘

出版发行/ 吉林文史出版社

地址/ 长春市福祉大路5788号　邮编/ 130118

电话/ 0431-81629363　传真/ 0431-86037589

印刷/ 天津海德伟业印务有限公司

版次/ 2012年12月第1版 2024年5月第5次印刷

开本/ 640mm×920mm　1/16

印张/ 9 字数/ 100千

书号/ ISBN 978-7-5472-1383-4

定价/ 29.80元